THOMAS KLUßMANN & CHRISTOPH J. F. SCHREIBER

DIE EXPERTEN FORMEL

LERNE VON DEN ERFOLGREICHSTEN TRAINERN DEUTSCHLANDS UND VERWANDLE DEIN WISSEN IN EIN DIGITALES EXPERTEN BUSINESS

VIELEN DANK AN

Projektleitung: Miriam Fretwurst
Lektorat: Leoni Schmidt
Satz & Design: Kathrin Lembcke
Umschlagillustration: Bianca Schubert
Webdesign: Peyman Javanbakhsh
Vermarktung: Martin Schroer

ISBN 978-3-947473-11-3
2. Auflage

Inhaltsverzeichnis

Liebe Leserin, lieber Leser,

als Coach, Trainer oder Speaker hast du oft große Ziele. Du willst etwas bewegen, Menschen in den unterschiedlichsten Lebenslagen weiterbringen und deine Erfahrungen mit einem Publikum teilen. Du hast die Vision, die Welt mit deinem Wissen zu verbessern und willst dabei auch Geld verdienen. Als Coach und Trainer unterstützt du deine Kunden individuell in ihrer Entwicklung. Als Speaker stehst du auf einer großen Bühne und bringst dein Know-how an den Mann und inspirierst die Menschen, ihr Potenzial voll auszuschöpfen.

Viele Menschen suchen im Leben nach Lösungen für ihre Probleme. Sie wissen oft nicht, wo sie die Lösungen finden können und wer ihnen weiterhelfen kann. Du als Coach, Trainer oder Speaker kannst diese Menschen da auffangen, wo sie sich mit ihren Problemen befinden, indem du sie zu Lösungen hin führst. Du kannst ihnen zeigen, wie du bestimmte Herausforderungen gemeistert und anderen Menschen geholfen hast, einen positiven Ausweg zu finden. Wie im Sport ist es in der Regel gewinnbringend, einen Coach oder Trainer zu haben, der einem die eigenen Stärken und Schwächen aufzeigt und der dabei hilft, das Beste aus sich herauszuholen. Egal ob im Privatleben oder im Berufsleben.

Mit diesem Handbuch wollen wir deine Fragen beantworten und bieten dir deshalb die Möglichkeit, aus den Erfolgen und Fehlern bekannter Coaches zu lernen. Viel Spaß beim Lesen und viel Erfolg für die Umsetzung. Die Welt braucht dich!

Dein Thomas Klußmann und Christoph J. F. Schreiber

Einleitung

Was macht Coaches, Trainer bzw. Speaker aus? Sie sind vor allem eins: Mentoren, die dich an die Hand nehmen und dir zeigen, wie du das Beste aus dir herausholen kannst. Sie stehen entweder auf der Bühne, sprechen zu ihrem Publikum und inspirieren so eine breite Masse von Menschen. Oder aber sie gehen in Gruppen bzw. Eins-zu-eins Gespräche und bringen dir bei, wie du dich in deiner Persönlichkeit und deinem Business weiterentwickeln kannst. Jeder hat seine Bereiche und Themen, in denen er richtig gut ist. Manchmal braucht es aber jemanden, der das Talent erst entdeckt, es aus einem rauskitzelt und zeigt, wie man es optimal einsetzt. Hier fängt die Berufung eines Coaches, Trainers bzw. Speakers an.

Als Herausgeber dieses Handbuchs haben wir uns auf die Fahne geschrieben, dir auf dem Weg zum Durchbruch als Coach, Trainer oder Speaker, das nötige Handwerkszeug an die Hand zu geben. Mit unserer Digital Beat GmbH leben und lieben wir Online Marketing.
Ich, Thomas Klußmann, spezialisiere mich seit 2002 auf das Online-Marketing. Ich habe im Laufe der Zeit für 15 Unternehmen gearbeitet und davon sieben selbst gegründet. Seit 2010 bin ich als Referent und Coach tätig. Als Kopf hinter der Marke Gründer.de weiß ich, wie man Reichweite und Aufmerksamkeit im Internet generiert.
Ich, Christoph J. F. Schreiber, bin zusammen mit Thomas Geschäftsführer und Inhaber von Digital Beat und leite drei weitere Unternehmen. Außerdem bin ich mit über 100.000 Teilnehmern jährlich Veranstalter zahlreicher Events, wie der Contra, One Idea Mastermind oder der Cologne Spirits und von führenden Online-Kongressen, unter anderem mit dem größten Online-Kongress in Deutschland - dem Erfolgskongress. Zudem habe ich zahlreiche Bücher und Studien rund um das Thema Digitales Marketing veröffentlicht.

Aufgrund unserer Erfahrungen auf dem Weg zu unserem jetzigen Erfolg wissen wir, dass dich auf dem Weg zur Verwirklichung deiner Visionen und Ziele viele Herausforderungen erwarten. Sie sollten dich jedoch nicht davon abschrecken, deine Leidenschaft zum Beruf zu machen. Heutzutage hast du die Chance, dein eigenes Wissen digital zu monetarisieren sowie online Reichweite aufzubauen. Darüber kannst du den Weg auf die großen Bühnen der Kongresse und Konferenzen finden und in vielen Menschen etwas bewegen. Dabei spielt es keine Rolle, ob du am Anfang deiner Karriere stehst oder dich schon mitten drin befindest. Auf diesem Weg werden dir Fragen begegnen zu Themen wie „Wie positioniere ich mich als Coach, Trainer oder Speaker?“, „Wie fasse ich erfolgreich Fuß in dieser der Coaching-Branche Fuß ?“ und „Wie ergänze ich meine Vorträge durch digitale Produkte?“.

In den verschiedenen Kapiteln stellen sich namhafte Coaching-Persönlichkeiten vor und teilen mit dir, wie sie es zum erfolgreichen Coach, Trainer und Speaker geschafft haben.
Wir haben ihnen Fragebögen zukommen lassen, anhand der sie ihren Erfolgsweg beschrieben haben. Diese Antworten haben wir transkribiert und so aufbereitet, dass sie dir den bestmöglichen Eindruck vermitteln, wie der Weg zum erfolgreichen Coach, Trainer oder Speaker aussehen kann.

Die besten Coaches, Trainer und Speaker Deutschlands, wie u.a. Dirk Kreuter, Calvin Hollywood, Felix Thönnessen, Markus Hofmann und Jürgen Höller verraten dir hier nicht nur ihre Tools, Geheimnisse und berichten von ihren beruflichen Durchbrüchen, sondern auch, welche Coachings für sie selbst am wertvollsten waren. Dieses Buch ist ein Angebot für dich, aus den verschiedenen Wegen, die die Coaches, Trainer und Speaker gegangen sind, die für dich passenden Mehrwerte rauszunehmen.

Lerne in diesem Buch von führenden Experten Deutschlands, wie sie ihr Wissen in lukrativen Produkten verpacken, mit bewährten Verkaufstaktiken vermarkten, online massive Reichweite aufbauen und mit ihrer Botschaft einen echten Unterschied machen!
Wir haben bereits mit allen Trainern, die in diesem Buch zu Wort kommen, zusammengearbeitet. Wir wissen, welche Produkte für sie am besten funktionieren und welche Marketingstrategien sie nutzen.

Mit Digital Beat unterstützen wir dich auf deinem Weg zum Erfolg, damit auch du zum Digitalen Experten wirst!
Wenn du Interesse daran hast, enger mit uns zusammen zu arbeiten und deine Reise zum Experten mit den richtigen Produkten und exzellentem Marketing beschleunigen willst, dann melde dich unter folgendem Link

www.digitalbeat.de/intensiv/

für ein kostenloses und unverbindliches Erstgespräch an.

THOMAS

Klußmann

Die Basis für deinen Erfolg als Experte

von Thomas Klußmann

Um als Experte erfolgreich zu sein, egal ob als Coach, Trainer oder Speaker, bedarf es einiger Fähigkeiten. Trotzdem bringen dir die besten Inhalte und Rhetorik-, Präsentations- oder Coachingfähigkeiten relativ wenig, wenn du damit nicht genug Reichweite und Aufmerksamkeit bekommst.
Wenn niemand weiß, wie gut du bist und niemand erfährt, welche wichtigen inhaltlichen Punkte du transportierst, dann wird dich auch niemand buchen.

Ein weiteres Problem besteht, wenn du als Speaker, Trainer oder Coach deine Zeit gegen Geld tauschst. Du machst dich abhängig von Auftraggebern, deiner Gesundheit, deiner örtlichen Anwesenheit und von deiner Zeit.
Deswegen lege ich als Experte für Online-Marketing in meinen Coachings den Schwerpunkt immer auf zwei Themen:

1. Wie generiert man Aufmerksamkeit, Reichweite und Bekanntheit, um somit mehr Kunden und Auftraggeber zu gewinnen?
2. Wie kann man die Inhalte der eigenen Vorträge und Coachings digital monetarisieren, um die oben genannten Abhängigkeiten aufzulösen und einen zuverlässigen digitalen Umsatzstrom aufzubauen?

Das Internet ist voll von selbsternannten Pseudo-Experten, die behaupten, sie hätten zu den oben genannten Themen etwas zu sagen. Die Geld damit verdienen, anderen zu erklären, wie man Geld verdient. Die dir

7.534 Euro in vier Wochen versprechen oder wie wir branchenintern dazu sagen: Wie man schnell und hektisch reich wird.
Davon möchte ich mich klar distanzieren. In den letzten 20 Jahren habe ich für 15 verschiedene Unternehmen in unterschiedlichen Branchen gearbeitet und sieben davon selbst gegründet. Dieses gesammelte Praxiswissen konnte ich in den letzten Jahren in zahlreichen Coachings an hunderte wissbegierige und motivierte Menschen weitergeben. Das war so erfolgreich, dass im Juni 2019 ein Buch veröffentlicht wurde, in dem einige unserer Kunden selbst zu Wort kommen und ihre persönlichen Erfolgsstorys mit all den Herausforderungen, Niederlagen und Erfolgen beschreiben.
An dieser Stelle möchte ich dir ein paar Gedanken und Tipps auf den Weg geben, die ich diesen Kunden bereits vermittelt habe und welche diese mit Erfolg umgesetzt haben.

Wie generiert man Aufmerksamkeit, Reichweite und Bekanntheit?

Eine Frage, auf die es viele Antworten gibt. Ein Schlüsselbaustein ist dabei die eigene Positionierung. Über das Thema Positionierung findet man sehr viel Literatur. Doch was ist die Positionierung genau und wie kann sie in der Praxis aussehen?
Während meines BWL Studiums habe ich viel darüber gelernt, wie sich Unternehmen positionieren und damit am Markt behaupten. Die wesentliche Erkenntnis daraus war: Positionierung ist extrem wichtig. Doch als Coach, Trainer oder Speaker müssen wir diese Positionierung auf eine Person, also uns selbst, ummünzen. Hier spricht man von Personal Branding.

Ich erlebe oft Kunden, die die Bedeutung der Positionierung erkennen und lange darüber nachdenken. Die sehr lange darüber nachdenken. Ein bis zwei Jahre später treffe ich sie wieder und sie denken immer noch darüber nach. Zwei weitere Jahre später haben sie ihre Positionierung dann dreimal geändert.
Natürlich ist es wichtig, sich detailliert Gedanken über die eigene Positionierung zu machen. Aber irgendwann muss man einen Punkt setzen. Noch besser ein Ausrufezeichen und in die Umsetzung kommen. Man muss diese Positionierung leben, auf die Straße bringen, in Produkte,

Vorträge, geschriebene Bücher, Podcasts oder Videos ummünzen. Es bringt nichts, ewig darüber nachzudenken und sie immer wieder in Frage zu stellen. Das bremst uns nur massiv aus.
Im April 2010 hatte ich ein Schlüsselerlebnis. Ich begann einen neuen Job, meinen ersten richtigen Job nach meinem Studium. Ich sollte ein Marketing-Event in Berlin organisieren und mein Chef kam auf die Idee, mich dort einen Vortrag halten zu lassen. Ich war in kürzester Zeit gezwungen, mich zu positionieren und damit auf eine große Bühne zu gehen.
Wofür entschied ich mich? Ich ging in mich und wählte ein Thema, zu dem ich etwas zu sagen hatte. Ein Thema, das Zukunftspotenzial hatte und für das ich mich leidenschaftlich begeistern konnte. Ich sprach darüber, wie man mit Social-Media-Marketing mehr Reichweite gewinnen kann. Ich setzte mich intensiv mit dem Thema auseinander, schrieb eine 80-seitige wissenschaftliche Abhandlung und interviewte andere Menschen, die in diesem Bereich bereits als Experte galten – vorzugsweise Amerikaner.

Social-Media-Marketing war 2010 noch so neu, dass deutsche Unternehmer und Selbstständige ernsthaft angezweifelt haben, ob man Social Media, allen voran Facebook, fürs Marketing verwenden könne. Wenige Monate später war Social-Media-Marketing einer der Gamechanger beim Aufbau meines ersten größeren Unternehmens, der Gründer.de GmbH.

Doch Social Media ist ein sehr schnelllebiges Marketingthema – heutzutage baut hoffentlich niemand mehr sein Business mit organischem Facebook-Marketing als Standbein auf. Die Nische wurde mir irgendwann zu klein und so überdachte ich 2013 meine Positionierung. Ich wollte sie nicht verwerfen, sondern ausbauen. Als übergeordnetes Thema definierte ich etwas allgemeiner „Traffic Generierung für mehr Aufmerksamkeit, Reichweite und Bekanntheit". Also das gleiche Ziel, aber nicht nur per Social Media, sondern auch über andere Marketing-Kanäle.

Als Folge daraus, schrieb ich 2013 mein erstes Buch „Ohne Besucher keine Kunden" und veranstaltete mit der Conversion und Traffic Konferenz „Contra", gemeinsam mit meinem Freund und Geschäftspartner Christoph Schreiber, mein eigenes Eventformat. Beides mit dem Primärziel der Positionierung. Doch die Zeiten ändern sich. Das wird mir persönlich besonders klar, wenn ich darüber nachdenke, dass sich dieses

Buch, welches du jetzt gerade in den Händen hältst, während der ersten Verkaufswoche nach Veröffentlichung vermutlich häufiger verkaufen wird, als mein erstes Buch sich insgesamt verkaufte.
2013 führte meine Positionierung dazu, dass ich plötzlich sehr viele Aufträge von Menschen erhielt, deren konkretes Problem ich lösen konnte: Die Generierung von mehr Traffic und Leads, um in der Folge mehr Kunden zu gewinnen. Von Versicherungsmaklern über Online-Shops bis hin zu Coaches und Software-Anbietern erhielt ich reihenweise Anfragen. Das hat mein Business 2013/2014 auf ein völlig neues Level gehoben.

Also: **Du brauchst nicht nur ein Thema als Positionierung für das du brennst und das du leidenschaftlich mit Inhalt füllen kannst. Du brauchst ein Thema, das ein Problem löst.** Wann immer du die Probleme deiner Kunden löst, ist dir der Erfolg deiner Kunden – und in der Folge auch dein eigener Erfolg – quasi sicher.

2013 ist lange her und ich bin seitdem noch eine Stufe höher geklettert. Online Marketing ist mittlerweile meine Heimat, neben den typischen Traffic-Relevanten Themen. Inzwischen sind noch weitere Online-Marketing relevante Themen hinzugekommen.
Dir sei also gesagt, dass du dich für eine Positionierung entscheiden und diese leben solltest. Zieh sie durch, bringe sie auf die Straße und du wirst Erfolg haben.
Du kannst deine Positionierung hinterfragen und modellieren – aber bitte nicht ständig.
Ich gebe dir den Tipp: Starte möglichst spezifisch und klein in einer Nische und wachse dann thematisch von dem ursprünglichen Kernthema auf die jeweils nächstgrößere Ebene – Schritt für Schritt. So wie ich es getan habe.

Egal aus welcher Branche du kommst und in welcher Branche du dich als Experte positionieren willst. Ob Fitness, Finanzen, Spiritualität, Unternehmensberatung oder Beziehungen: Ich habe dir hier eine Master-Formel mitgebracht, die universell einsetzbar ist. Jeder Experte kann sie einsetzen und braucht sie, damit er kommunizieren kann, wem er was verkaufen will und wie er das erreichen wird.

Deine Experten-Master-Formel

3. Ich helfe {Zielgruppe} ...
4. {Ergebnis} ...,
5. indem {deine Methode}!

Hier sind drei Beispiele für gelungene Statements nach der oben genannten Master-Formel. Die jeweiligen farblichen Markierungen sollen dir helfen zu erkennen, wie exakt die o.g. Formel umgesetzt wurde:

- Ich helfe Unternehmern & Selbstständigen, ihren Umsatz um 30 Prozent zu steigern, indem ich ungenutztes Online-Marketing Potenzial hebe.
- Ich helfe untergewichtigen Menschen ihr Idealgewicht schnell und nachhaltig zu erreichen, indem ich ihnen eine leicht umsetzbare Ernährung beibringe.
- Ich helfe Schriftstellern mit ihrem Buch auf die Spiegel-Bestsellerliste zu gelangen, indem ich ihnen einen bewährten Launch-Prozess beibringe.

Die Vorteile für dich, eine richtig gute, passende und knackige Positionierung zu haben, sind vielfältig. Unter anderem erhöht sich die Kaufrate beziehungsweise Buchungsrate, von dir als Experte, Speaker, Trainer oder Coach dramatisch. Denn die Leute wissen, wofür du stehst und welche Probleme du löst. Wenn dir bei einem Fahrradunfall das Knie in alle Teile zerspringt, dann gehst du hoffentlich auch zu einem Unfallchirurgen, der auf Knie-Operationen spezialisiert ist und nicht zu einem Allgemeinmediziner oder Hausarzt.

Eine perfekte Expertenpositionierung erhöht aber nicht nur deine „Conversion“, sondern auch deinen „Traffic“, also die Anzahl an Besuchern auf deiner Webseite sowie die Anzahl an Anfragen. Warum? Weil du mit der richtigen Positionierung ein beliebter Ansprechpartner für spezifische Probleme bist, ein gern gesehener Gast in Radio-Sendungen oder TV-Talkrunden, bei Podcasts und auf Seminaren und Kongressen.
Als Experte mit einer Lösung für ein spezifisches Problem kommt deine Zielgruppe zu dir! Ganz ohne Werbeanzeigen, Marketingbudget

oder Suchmaschinenoptimierung. Deine Zielgruppe wird dich anfragen, zu deinem Kernthema finden und weiterempfehlen. Natürlich kann man diesen Effekt durch zusätzliche Marketingmaßnahmen deutlich steigern, aber die Basis für jede Maßnahme ist eine klare Positionierung.
Wenn du also positioniert bist, wenn du Anfragen und Aufträge erhältst, dann hast du schon viel erreicht. Du bist im Geschäft. Nur tauscht du als Speaker, Trainer und Coach immer noch deine Zeit gegen Geld. Du bist abhängig von Auftraggebern, deiner Gesundheit, deiner örtlichen Anwesenheit und deiner Zeit. All das willst du aber nicht auf Dauer – hoffe ich zumindest inständig.

Daher solltest du dir Gedanken machen, wie du deine Inhalte als Speaker, Trainer oder Coach digital monetarisieren kannst, Das heißt, wie du deine Inhalte in Form eines Online-Angebotes in Geld umwandeln kannst. Beispielsweise indem deine Produkte für deine Zielgruppe digital verfügbar sind.
Wenn du zum Beispiel regelmäßig eine Gruppe von zehn Leuten in einem Tagesworkshop coachst, kannst du dafür Betrag X verlangen und opferst einen Tag. Das kannst du beliebig wiederholen, verdienst möglicherweise viel Geld, opferst aber immer wieder einen vollen Tag. Früher oder später wird dich möglicherweise die Monotonie langweilen.
Du kannst aber auch deine Inhalte in ein Online-Coaching-Programm verpacken. Ich bin überzeugt davon, dass du viele Inhalte auf diesem Weg genauso gut transportieren kannst. Bei den meisten meiner Kunden sind das 80 Prozent der Inhalte. Die verbleibenden 20 Prozent kannst du persönlich vermitteln. Du verlangst vielleicht etwas weniger für dein Online-Programm als für den Tagesworkshop, doch wenn du ihn einmal aufgesetzt hast, kannst du ihn beliebig oft verkaufen, ohne zusätzliche Arbeit damit zu haben. Ein Traum, den die Digitalisierung möglich gemacht hat.
Oder du bist Speaker und wirst üblicherweise für eine 60 Minuten Keynote gebucht. In 60 Minuten kannst du viele wertvolle Inhalte transportieren und ein attraktives Honorar für den Vortrag abrufen. Du kannst aber auch all das haben und zusätzlich ein weiterführendes Online-Angebot unterbreiten. Ich bin mir sicher, dass du nicht alles was wichtig und wertvoll ist, in 60 Minuten verpacken kannst. Mithilfe eines Online-Programms wäre das aber möglich.
So führst du weiterhin ein etabliertes Offline-Business und für alle Kunden, die noch tiefer in das Thema einsteigen wollen, bietest du zusätzlich das Online-Angebot an. Die Speaker, die ich in den letzten Jahren

betreut habe, konnten so ihr Einkommen meistens verdoppeln. Zudem helfen die Online-Angebote mit ihren weiterführenden Inhalten noch mehr Menschen wirklich weiter.

In meinem Coaching besprechen wir zwölf Möglichkeiten, wie du deine Positionierung weiter verbessern kannst, sowie zehn Möglichkeiten, wie du deine Inhalte digital monetarisieren kannst. Ich kann dir sehr sicher versprechen, dass jeder Leser dieses Buches, noch einiges lernen kann, egal wo er gerade steht.
Einige der Experten, die in diesem Buch zu Wort kommen, haben wir genau dabei unterstützt. Nicht darin, wie sie mit ihren Inhalten fachlich besser werden oder wie sie rhetorisch perfekte Vorträge halten, sondern wie sie ihr Online-Marketing auf das nächste Level bringen. Wie sie Aufmerksamkeit, Reichweite und Bekanntheit aufbauen, um online mehr Kunden zu gewinnen und wie sie ihre Inhalte und Themen digital besser monetarisieren können.

Wenn das für dich relevante Themen sind, dann sei herzlich eingeladen mit uns ins Gespräch zu kommen. Unter **www.digitalbeat.de/intensiv/** findest du weitere Informationen, sowie die Möglichkeit, für ein kostenloses Beratungsgespräch mit meinem Team und mir. In diesem Gespräch ermitteln wir, wie wir dich persönlich unterstützen können. Ich würde mich sehr freuen, dich schon bald bei uns im Büro zum Coaching begrüßen zu dürfen.

CHRISTOPH

J. F.
Schreiber

Lerne von den Besten

von Christoph J. F. Schreiber

Experten leisten einen extrem wichtigen Beitrag, sowohl im wirtschaftlichen Geschehen, als auch im Leben der meisten Menschen. Warum? Weil sie den Menschen bei den Themen weiterhelfen, in denen sie sich am besten auskennen und ihnen so die wichtigsten Fragen beantworten können.

Was ich besonders gut kann, ist smarte Geschäftskonzepte zu entwickeln und diese mithilfe von Online-Marketing wachsen zu lassen. In den letzten zehn Jahren habe ich einige Unternehmen aufgebaut. Aktuell liegt mein Fokus auf Digital Beat, das als Unternehmen dieses Buch herausbringt.

Du musst in deinem Bereich richtig gut sein und dafür sorgen, dass andere Personen genau das wahrnehmen. Du solltest dir aber auch immer die Frage stellen, wie du damit ausreichend Geld verdienst.
Denn nur wenn du damit genug Geld verdienst, kannst du von deiner Leidenschaft leben und das kannst du nur erreichen, wenn du das Ganze planst.
Nur das, was wir uns vorstellen können, werden wir auch erreichen. Wenn du dir dein Ziel nicht vorstellen kannst, wirst du den Weg nicht planen und das Ziel somit auch nicht erreichen können.

Wenn du noch am Anfang stehst, solltest du dir zumindest vorstellen können, in welchem Bereich du Experte werden willst. Wie du in dem Bereich richtig gut wirst, ist simpel: Du musst von den Besten lernen.

Dann fängt, aus meiner Sicht, die spannende Aufgabe erst an, denn ich als Unternehmer habe am meisten Spaß am Gestalten von Geschäftsmodellen.

Wie verdiene ich als Experte Geld?

Die einfache Antwort darauf ist: Indem du deine Zeit an Menschen verkaufst, die deine Expertise benötigen. Hierfür brauchst du einen Expertenstatus, Reputation, Reichweite und einen ordentlichen Online-Auftritt. Das alles sind Ziele, die mit einem vertretbaren Budget und einem überschaubaren Zeitrahmen realisierbar sind. Wenn du das erreicht und erfolgreich umgesetzt hast, wirst du an den Punkt kommen, an dem du keine Lust mehr auf 100-200 Berater- und Coachingtage im Jahr hast.
Zumindest habe ich das von sehr vielen Experten, Speakern und Coaches gehört, die ich im Rahmen unserer Kongresse, Workshops und Seminare in den letzten Jahren kennengelernt habe. Wir haben unsere Geschäftsmodelle direkt anders aufgebaut. Bevor ich dir erkläre, was bei uns der Schlüssel zum Erfolg von Gründer.de war, möchte ich dir verraten, wie ich das erste Mal mit einer Strategie zum Experten geworden bin, von der man auch heute noch eine ganze Menge lernen kann.

Vor einigen Jahren, als ich noch Student war, kannte ich mich schon ziemlich gut mit Online-Marketing aus. Für einen befreundeten Steuerberater hatte ich, mit ein paar neuen Ansätzen, einen sehr gut funktionierenden Online-Auftritt gebaut und wollte mit diesem Know-How noch vielen anderen Steuerberatern weiterhelfen.
Mein Hauptproblem war jedoch die mangelnd wahrgenommene Expertise und fehlende Reichweite im Markt.
Ich setzte deswegen eine Studie auf: Die Customer Journey Steuerberatungen. Ziel der Studie war es, den Status Quo im Marketing von Steuerberatungen herauszufinden.

Dafür habe ich Steuerberatungen per E-Mail angeschrieben und sie darum gebeten, an der Umfrage für die Studie teilzunehmen. Als Anreiz für die Teilnahme hatte ich allen Teilnehmern den kostenlosen Zugang zu den Ergebnissen der Studie versprochen.
Ergebnis: Zwölf Prozent der angeschriebenen Steuerberatungen nahmen teil. Mit der Anforderung der Ergebnisse am Ende der Studie war

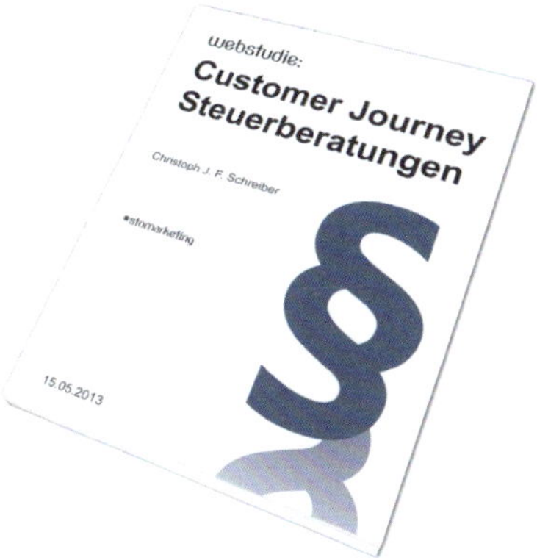

gleichzeitig auch das Einverständnis verknüpft, dass ich diese auch in Zukunft anschreiben durfte.
Aus dem Umfrageergebnis habe ich dann besagte Studie erstellt, diese in einem Webinar vorgestellt und am Ende mein Angebot platziert. Zu dem Webinar hatte ich natürlich alle Teilnehmer eingeladen.

Eigentlich recht simpel. Das Schöne an dieser Strategie ist, dass sie so viele Elemente umfasst, die für einen Experten wertvoll sind. Du stärkst deinen Expertenstatus als Herausgeber der Studie und generierst direkt Leads in Form von Interessenten an den Studienergebnissen. Durch das Webinar mit abschließendem Pitch generierst du direkt Umsätze und du hast am Ende eine Studie, die du als Produkt weitervermarkten kannst.

Genau um den letzten Punkt geht es. Du solltest unbedingt von Anfang an planen, dein Know-how als Produkt zu vermarkten.
Das ist ein Bereich, auf den wir uns bei Gründer.de von Anfang an konsequent fokussiert haben.
Ich meine damit, dass du dein Wissen nicht nur Eins-zu-eins weitergibst, sondern dein Know-How auch in Form eines Produktes zugänglich machst.
Am attraktivsten ist dies in Form von digitalen Produkten. Sie haben den großen Vorteil, dass nur ein einmaliger Erstellungsaufwand entsteht. Es fallen keine weiteren Kosten für jedes verkaufte Exemplar, für Versandkosten oder Retourenmanagement an und das Beste ist, dass man alle Prozesse komplett automatisieren kann.

Digitale Produkte sind der entscheidende Schlüssel, um als Experte nicht mehr Zeit gegen Geld zu tauschen.
Du musst nicht mehr an einem bestimmten Ort sein, damit Menschen von dir lernen können.
Das hat auch den Vorteil, dass du deinen Impact dramatisch erhöhen kannst. Du erreichst nicht nur die Menschen, die du persönlich triffst, sondern du kannst mit deinem digitalen Produkt jedem Menschen in deinem Sprachraum helfen.

Wie sieht so ein Digitales Produkt aus?

Entscheidend für den Erfolg deines digitalen Produkts ist das dahinter stehende Versprechen.
Je besser das Versprechen und je relevanter für deine Zielgruppe, umso mehr wird sich dein digitales Produkt verkaufen. Es kann auf unterschiedlichste Art und Weise gestaltet sein. Entscheidendes Merkmal: Es kann digital ausgeliefert werden.

Als Inhalte kommen Text-, Audio- oder Videoformate in Frage. Also beispielsweise E-Books, Hörbücher oder Erklärvideos. Oftmals ist ein Videokurs für viele Experten der beste Weg, um ihr Know-How in die digitale Sphäre zu transformieren.
Grundsätzlich gibt es vielfältige Möglichkeiten, um ein digitales Produkt zu erstellen. Entscheidend ist das Versprechen. Inhaltliche Formate, Auslieferungsmethoden und Zahlungsmodalitäten sind Merkmale, über die man sich ebenfalls Gedanken machen sollte.
Wichtig ist, dass man sich vorher einen klaren Fahrplan für die Erstellung überlegt und diesen zeitlich konsequent einhält, ansonsten bleibt das digitale Produkt ein unfertiges auf der Festplatte und wird nicht einen Euro Umsatz machen.

Bei unserem Digital Beat Intensiv Coaching liegt der Schwerpunkt auf der Erstellung und Vermarktung von digitalen Produkten:
Du wirst lernen, dass sich digitale Produkte am besten als Bestandteil eines Funnels vermarkten lassen und lernen, wie dein Funnel aussehen sollte. Wir zeigen dir, wie du am effektivsten digitale Produkte erstellst, welche Preispunkte am besten funktionieren und welche Zahlungsmodalitäten für welche Arten von Produkten am sinnvollsten sind. Sollte ich Ratenzahlung anbieten? Macht ein Abo oder eine Einmalzahlung am meisten Sinn? All das sind Fragen, mit denen wir uns bei dem Coaching beschäftigen werden. Am Ende gehst du mit dem kompletten Fahrplan, mit allen Parametern für ein digitales Produkt und einem ausgearbeiteten Vermarktungsplan nach Hause. Mehr erfährst du unter **www.digitalbeat.de/intensiv/**.

BODO Schäfer

Mach aus deinem Leben ein Meisterwerk!

15
BS
Bodo
Schäfer

Das Leben ist kein Spurt – Erfolg braucht seine Zeit

Ein Interview mit Bodo Schäfer

Nimm uns kurz mit in deine persönliche Geschichte: Wie hat alles angefangen? Was hat für dich den Ausschlag gegeben, dass du Speaker/Trainer/Coach geworden bist?

Mit 26 Jahren war ich pleite, weil ich einfach ständig mehr Geld ausgegeben habe, als ich verdient hatte. Irgendwann wurde mir bewusst: Ich komme da alleine nicht raus, ich brauche Hilfe.
Als ich die Sportschau gesehen habe, ist mir aufgefallen: Jeder große Sportler hat einen Trainer, einen Coach. Ich habe mir also jemanden gesucht, der mir helfen sollte, aus meinem Loch heraus zu kommen und später finanziell frei zu werden.
Ich hatte das große Glück, einen Coach zu finden, der für mich zu einer Vaterfigur geworden ist. Einen sehr reichen und ungemein liebenswerten Menschen. Ohne dass es mir damals bewusst war, ist da langsam vor meinem Auge dieses Berufsbild entstanden: Ich würde auch einmal andere Menschen coachen wollen. Aber zuerst musste ich mir eine Legende schaffen, eine Erfolgsgeschichte.

Kannst du dich noch an deinen ersten Kunden/Auftrag erinnern? Und falls ja, wie hast du ihn gewinnen können?

Es gibt drei Arten von Experten. Der Erste ist der Resultate-Experte, weil er etwas erlebt hat. Der Zweite hat ein profundes Fachwissen über ein bestimmtes Thema, was er sich einfach angelesen haben kann. Der Dritte ist einfach als Mensch ein Vorbild.

Mein erstes Seminar hat sich ergeben, weil ich damals in die erste Kategorie fiel: Ich hatte etwas erlebt. Ich war ja pleite und meine Freunde hatten mitbekommen, dass ich viereinhalb Jahre später finanziell frei war.
Also fragten sie mich: „Kannst du uns erklären, wie wir vermögend werden?“ Ich sagte: „Mache ich gerne, aber dafür brauchen wir mindestens drei Tage.“ Es wurden später zwei Wochenenden, also vier Tage.

Wie bist du anschließend weiter vorgegangen? Wie hast du an Reichweite und Bekanntheit gewonnen, welche Marketingstrategien hast du eingesetzt?

Ich bin überhaupt nicht gezielt vorgegangen, wobei ich dann natürlich viel schneller bestimmte Dinge erreicht hätte.
Als ich mit 30 finanziell frei war, habe ich mich gefragt: Warum bin ich eigentlich hier auf dieser Welt? Was ist meine große Vision? Was ist mein Lebensziel? Wer bin ich? Und wenn ich nicht Bodo Schäfer sage, wer bin ich dann?
Ich habe fünf Jahre über diese Fragen gegrübelt. Nach fünf Jahren wusste ich dann, was mein Lebenssinn ist. Die Amerikaner nennen das „Your calling“. Dein Ruf.
Was ich damals nicht wusste: Um diesen Ruf zu hören, müssen wir nur ganz still werden. Denn es ist der Ruf unseres Herzens.
Als ich dann wusste, wer ich bin und was ich tun wollte, habe ich mich vorbereitet. Ich habe mir einen zweiten Coach gesucht, einen Milliardär. Als das Coaching abgeschlossen war, ging es sehr schnell. In den ersten zweieinhalb Jahren als Trainer habe ich bereits 15 Millionen verdient.
Welche Strategie benutzte ich damals ? Ich habe so ziemlich jede ausprobiert. So wie man früher Piratenboote jagte: Piratenboote waren schnell und wendig und die schweren Galeeren, die sie verfolgt haben, konnten die Piratenboote nicht stellen. Darum hat man eine ganz einfache Strategie entwickelt: Alle Galeeren haben aus allen Rohren gefeuert - irgendwelche Kugeln trafen immer.
So war es bei mir: Ich habe alles probiert und schließlich hat es geklappt. Ich habe mein Buch „Der Weg zur finanziellen Freiheit“ als Speerspitze eingesetzt, bin in so ziemlich jede Talkshow getingelt, jede Presse hat über mich geschrieben und meine Bücher wurden in über 50 Ländern veröffentlicht - auf einmal hat alles gepasst.

Wie würdest du diesbezüglich vorgehen, wenn du heute noch einmal bei null starten müsstest? Welche Strategien würdest du den Lesern empfehlen, um Reichweite und Bekanntheit aufzubauen?

Wir müssen festlegen, worin und in welcher Art wir Experte sein wollen. Wir sollten immer bei uns anfangen. Danach sollten wir überlegen: Wen mag ich, wer ist mein idealer Kundenkreis und welche Probleme haben meine Kunden? Wenn ich erstens weiß, was ich kann, zweitens, wem ich helfen möchte und drittens, bei welchem Problem ich helfen möchte, dann werde ich auch sehr schnell herausfinden, auf welches Produkt ich bauen kann.
Das ist die theoretische Vorarbeit. In der Praxis muss ich mich mit meinen potenziellen Kunden unterhalten und mit ihnen etwas bauen, was ich ein Dialog-Produkt nenne: Ich entwickle ein Produkt zusammen mit fünf Kunden-Avataren - daran verdiene ich schon Geld. Vor allem aber lerne ich die Bedürfnisse meiner optimalen Kunden kennen und weiß anschließend genau, welches Produkt ich bauen muss.
Dieses Produkt würde ich dann launchen und mit diesem Launch mindestens meine ersten 10.000 Kunden bekommen. Auch wenn ich bis dahin keine Liste hätte.

Wie wichtig sind für dich digitale Produkte als Ergänzung in deinem Produktportfolio? Und wie schätzt du dessen zukünftige Bedeutung ein?

80 Prozent unserer Firma ist heute online, also ein digitales Business. Ich glaube, so wird das Verhältnis auch bleiben. Live-Seminare werden für den, der das möchte, immer eine Rolle spielen. Aber die Zukunft ist digital.

Du warst mehrfach als Referent auf unseren Events. Welche Bedeutung haben solche Auftritte als Speaker auf externen Events für dich? Welchen Nutzen ziehst du daraus bzw. warum sollte jemand, der als Speaker/Trainer/Coach erfolgreich werden will, sich darum bemühen, solche Gast-Auftritte zu bekommen?

Ich habe, meines Erachtens, als einziger deutscher Trainer in über 50 Ländern Auftritte gehabt. Ich liebe einfach das Bad in der Menge. Nicht

zu oft, aber dann genieße ich es richtig. Es ist wichtig, dass wir wissen, was wir tun wollen und wie oft wir dies wollen.
Ich denke es ist wichtig, dass wir den Kontakt zu unseren Kunden behalten. Dazu zählt neben persönlichen Gesprächen auch der Kontakt mit einer ganzen Menschenmenge. Wir müssen lernen, beides zu können: Den Einzelnen und die Masse anzusprechen. Nur dann können wir optimale Produkte bauen.

Du bist Teil unserer exklusiven One Idea-Mastermind, einem geschlossenen Kreis von erfolgreichen Unternehmern. Welchen Stellenwert hat für dich der Austausch in Gruppen? Sollte sich jemand, der sowohl persönlich als auch im Business weiter wachsen will, unbedingt mit anderen vernetzen und austauschen?

Ich habe in meinem Leben alles meinen beiden Coaches zu verdanken. Irgendwann folgt bei einem erfolgreichen Menschen auf das Coaching eine Mastermind - ein Netzwerk aus hervorragenden Experten.
Dass ich bei One Idea mitmachen darf, empfinde ich als großes Privileg. Ich weiß was ich kann, ich bin gut in meinem Feld. Ich weiß aber auch, was ich nicht kann. Ich bin nicht mit Social Media aufgewachsen und auch nicht mit einem Online-Business. Darum empfinde ich es als großes Privileg, in dieser Gruppe dabei sein zu dürfen und so ungemein viel zu lernen.
Bin ich deshalb jetzt ein Online-Marketer geworden? Ja und Nein. Die entscheidende Frage habe ich für mich beantwortet und kann sie auch immer wieder beantworten, wenn ich dabei bin: Worauf kommt es an? Was ist wichtig?
Die zweite Frage: Wer kann das umsetzen, von dem ich gelernt habe, dass wir es umsetzen sollten?
Da ist es absolut unverzichtbar für einen intelligenten Menschen, Mitglied einer Mastermind-Gruppe zu sein. Im Laufe meines Lebens habe ich vielen angehört und ich kann nur sagen: Das was Thomas und Christoph hier aufgebaut haben, ist unfassbar hilfreich und gut. Champions League!

Einige Menschen sind sich unsicher, ob sie sich als Speaker/Trainer/ Coach selbst verwirklichen sollen. Haben vielleicht Ängste und Hemmungen. Welche Punkte kannst du diesen Menschen mitgeben, welche sie bei der Entscheidungsfindung berücksichtigen sollten.

Die Antwort auf diese Frage liegt mir wirklich am Herzen. Ich glaube, dass jeder von uns ein Coach ist. In jedem von uns steckt ein bisschen von dem, was andere Menschen brauchen. Etwas, das die Welt verändern kann.

Ob wir dieses Wissen herauslassen, ob wir uns selbst als Trainer, Coach oder Speaker sehen, hat in erster Linie mit unserem Selbstvertrauen zu tun.

Mein Rat ist deswegen: Arbeite an deinem Selbstbewusstsein. Notiere täglich fünf Punkte, die dir gut gelungen sind, in einer Art Erfolgs-Journal. Betreibe auf diese Art ein positives Erinnerungsmanagement.

Also ganz gleich was du tust: Verbessere dein Selbstbewusstsein ein Leben lang. Ich habe zum Beispiel genug Selbstbewusstsein für meinen Job heute. Aber für den Job, den ich morgen machen möchte, muss mein Selbstbewusstsein größer werden. **Letztendlich ist es immer nur unser Selbstbild, das uns von unseren Zielen trennt.**

Außerdem empfehle ich dir, die Nähe zu einem Menschen zu suchen, von dem du lernen willst. Unterstütze ihn so, als wenn es dein eigenes Business wäre. Gib hierfür 110 Prozent - damit hilfst du diesem Menschen ungemein.

Ich habe gesehen, dass wir am meisten von dem Menschen lernen, dem wir selber sehr viel geben können. Es ist ein Naturgesetz: Zuerst geben, um dann etwas zu bekommen. Die meisten Menschen wenden sich an einen Coach, um nur von ihm zu bekommen. So funktioniert die Welt aber nicht. Je mehr wir unserem Coach geben, desto mehr bekommen wir zurück. Also wird der Coach auch ganz enorm von dir profitieren und das ist richtig so.

Aber noch viel mehr wirst du profitieren, denn du hast die einmalige Gelegenheit, ein Stück weit wie der Coach zu werden. Du kannst lernen, so zu denken wie er denkt, indem du seine Lieblingssätze auswendig lernst und wiederholst - das geht wirklich! Du kannst lernen, so zu fühlen wie er, indem du dich bewegst wie er. Indem du ihn imitierst. Kleine Babys lernen am meisten durch Imitation. Nur Erwachsene denken manchmal: Das geht doch nicht, ich kann doch nicht einfach anderen nacheifern. Doch, kannst du. So lernst du am schnellsten.

Dadurch bekommst du einen einmaligen Vorteil. Du stellst fest, dass du dich verändert hast, weil du deinen Coach kopierst. Auf einmal merkst du: Ich habe die Wahl, ich kann erstens, wieder der werden, der ich früher war, ich kann zweitens, der bleiben, der ich heute geworden bin und ich kann drittens, einen freien Mix kreieren.
Letztendlich wirst du immer das Dritte tun, aber wir müssen erkennen, dass wir eben diese Wahl haben. Wir können unser Leben designen.

Woher nehme ich mir das Selbstvertrauen, dass ich genug weiß, um andere davon lernen zu lassen?

Indem du die drei Arten eines Experten kombinierst:
Resultat-Experte: Fange mit deiner Geschichte an. Stelle fest, was deine große Erfahrung ist. Oft war das eine Niederlage. Bei mir war es die Tatsache, dass ich mit 26 Jahren fürchterlich pleite war und mir ein Coach viereinhalb Jahre später zur finanziellen Freiheit verholfen hat.
Allein diese Geschichte ist etwas, das anderen Menschen Mut macht. Da ich pleite war, kann ich anderen viel besser erklären, wie man reich wird. Ich bin viel glaubwürdiger. Amerikaner nennen das: „Make your mess your message." Das ist die erste Art des Experten.
Dazu gehört die wirkliche Erfolgsgeschichte. Wenn ich also eine Geschichte habe, die mich qualifiziert, stärkt das mein Selbstvertrauen. Kann ich dann noch klare Strategien aufzeigen, mit denen ich etwas Einmaliges erreicht habe, dann stärkt das das Selbstvertrauen weiter. Wenn meine Geschichte damit enden würde, dass ich pleite war, wäre es keine gute Geschichte. Natürlich brauchst du dann auch einen Erfolg. Dass ich aber im Moskauer Olympiastadion vor 35.000 Menschen sprechen konnte, weil ich allein in Russland fünf Millionen Bücher verkauft habe, das ist eine Erfolgsgeschichte. Wenn ich dann sage: Ich habe einen Kurs: „Insider Marketing Coaching" (www.inmaco24.de), der zwar teuer ist, dir aber genau zeigt, wie du eine Weltkarriere als Experte starten kannst, dann ist das glaubwürdig.
Die zweite Art, dein Selbstbewusstsein aufzubauen ist, dass du neben der eigenen Erfahrung und den eigenen Erfolgen, fundiertes Wissen sammelst. Ich habe über 4.000 Bücher gelesen, ich besuche auch heute noch jedes Jahr mehrere Seminare, lese pro Woche immer noch ein bis zwei Bücher.

Die dritte Art von Experte ist, als Mensch ein Vorbild zu sein. Das ist am schwierigsten. Aber wenn wir ehrlich, verlässlich und authentisch bleiben, dann sind wir eine Persönlichkeit, der andere gerne zuhören.
Ich habe festgestellt: Wenn du die drei Arten von Experten in dir vereinst, dann bist du für viele Menschen eine Art Guru - ein Lebenslehrer. Ein wirklich kluger und hoffentlich auch hin und wieder weiser Mann oder weise Frau.

Wenn du selbst auf deine eigene Karriere zurückblickst, was würdest du heute im Nachhinein noch einmal anders machen?

Ich würde mein Leben wieder genau so leben wollen. Natürlich würde ich einige Fehler vermeiden, wenn ich schon mein heutiges Wissen hätte. Ich wäre dann aber auch nicht der geworden, der ich heute bin.
Ich glaube unsere Fehler und Niederlagen sind unsere größten und besten Lehrer. Vor allem unsere weisesten Lehrer.
Es ist doch so: Wir haben verstanden, dass wir Probleme brauchen, um stärker zu werden. **Wir wollen aber nie wirklich die Probleme haben, die wir tatsächlich brauchen, um diese Stärke zu erreichen.** Wir wollen leichtere Probleme.
So geht das aber nicht. Wir brauchen die Situationen, in denen wir wirklich denken: Das packe ich jetzt nicht. An diesen Situationen wachsen wir am meisten.
Ich bin dankbar für alle Erfolge, ich bin stolz darauf und ich bin sehr dankbar für jede Niederlage - davon hatte ich viele.

Fehler sind menschlich und passieren, jeder noch so erfolgreiche Mensch erleidet gelegentlich Rückschläge. Nimm uns mit in deine Welt: Was ist in deiner Karriere schon einmal richtig falsch gelaufen?

Das ist eine sehr persönliche Frage und sie schließt sich an das an, was ich in der vorigen Antwort gesagt habe.
Einer meiner schwersten Momente war, als ich mich komplett ausgepowert habe, nachdem ich in den ersten zweieinhalb Jahren als Trainer bereits 15 Millionen verdient habe.
Ich liebte was ich tat und habe meine Erschöpfung deswegen gar nicht bemerkt. Ich habe mich für zu wichtig gehalten - das war der eigentliche Fehler. Ich glaube, **wir sollten niemals unsere Aufgabe wichtiger sehen als uns selbst.**

Ich bin dann mit 39 Jahren krank geworden. Schwer krank. Eineinhalb Jahre lang ging nichts mehr.
Natürlich stellen sich Gewinner immer die Frage: Wofür war das gut? Wenn du schwer krank und nur zwei Stunden am Tag wach bist, wenn du sonst nur dahinvegetierst, dann findest du nicht sofort eine Antwort auf diese Frage.
Welche Antwort habe ich gefunden? Meine ganze Lehre ist viel menschlicher geworden und ich sehe Erfolg viel ganzheitlicher. Ich betone viel mehr, wie wichtig es ist, dass wir in allen fünf Bereichen unseres Lebens Erfolge erzielen: Dass wir uns um unsere Gesundheit kümmern, um unsere Beziehungen, um unsere Finanzen, um unsere Emotionen und natürlich auch um unseren Job/Lebenssinn/Spirituelles.
Mein Fazit aus meiner Geschichte ist ganz einfach: Ich möchte heute nicht mehr „nur" Menschen helfen, reich zu werden, ich möchte ihnen helfen, reich und glücklich zu werden.
Das Motto unserer Firma lautet „Lebe deinen Traum" und unser Versprechen ist: **Du lernst in unserem Sieben-Jahres-Kurs alles, was Kinder in einer reichen und glücklichen Familie automatisch lernen.**
Der kritische Punkt sind die sieben Jahre, für die mich viele Menschen schon kritisiert haben. Das ist doch viel zu lang, heute wollen die Menschen schnell reich werden.
Ich sage aber: Es ist falsch, denn es ist unehrlich. Wirklicher Erfolg dauert. Ob es dann hinterher drei, fünf oder sogar sieben Jahre sind, das ist nebensächlich. Wir sollten unseren Kunden klar sagen: Die Transformation ereignet sich nicht in einem Monat.
Das Leben ist kein Spurt. Es ist ein Marathon und deswegen sollten wir uns niemals völlig verausgaben, sondern immer alle fünf Bereiche unseres Lebens sehen.
Ein letzter Tipp: **Verschweige deine Fehler nicht. Zeige den Menschen, dass du Fehler hast.** Make your mess your message. Das hat auch einen positiven Nebeneffekt für dich: Du bleibst freundlich und demütig.

TOBIAS Beck

Wenn du anderen Konfetti ins Leben streust, wird auch dein Leben bunt!

16
TB
Tobias
Beck

Du musst nicht Everybody's Darling sein

Ein Interview mit Tobias Beck

Nimm uns kurz mit in deine persönliche Geschichte: Wie hat alles angefangen? Was hat für dich den Ausschlag gegeben, dass du Speaker/Trainer/Coach geworden bist?

Meine Reise begann 1984 in einem Ferienclub in Griechenland. Ich war sieben Jahre alt und verbrachte dort den Urlaub mit meinen Eltern. Es gab dort einen Kinderclub, in dem die Animateure nach Talenten bei uns Kindern suchten. Diese sollten wir dann auf einer Bühne in einem riesigen Kolosseum aufführen.
Um ehrlich zu sein: Sie fanden bei mir keine großen Begabungen. Ich war weder besonders gut in Sport, noch konnte ich jonglieren, zaubern oder tanzen. Irgendwann fragte mich ein Animateur: „Tobi, gibt es irgendetwas, was du besonders gerne machst?“. Ich antwortete: „Ich bringe gerne Menschen zum Lachen“. Und er sagte: „Dann mach das doch mal“. So habe ich angefangen, Geschichten und Witze zu erzählen. Ich erinnere mich noch an den Moment, als ich mit sieben Jahren in diesem Kolosseum auf der Bühne saß und mich ungefähr 2.000 Menschen anschauten. Ich sollte fünf Minuten meine Geschichten erzählen. Das Ganze endete darin, dass ich eine dreiviertel Stunde auf der Bühne saß und die Menschen geklatscht und Tränen gelacht haben. Natürlich weiß ich, dass das nur der Anfang der Reise war. Der nächste große Schritt kam in der Schule, als ich bemerkte, dass mir viele Fächer nicht lagen, das Sprechen dafür aber umso mehr.

Ich glaube, dass jeder Mensch eine Sache richtig gut kann. Für mich ist es das Sprechen, das mir schon immer Freude bereitet hat. Es erfordert

für mich überhaupt keine Kraftanstrengung. Ich erinnere mich noch an eine Situation im Literaturunterricht. Mein Lehrer sagte zu mir: „Tobi, wenn du Theater spielst, erreichst du die Herzen der Menschen. Merkst du das eigentlich?".
Oft ist es ja so, dass uns andere Menschen erst einen Schubser geben müssen, damit wir erkennen, dass mehr in uns steckt. Es gibt etwas, das du gut kannst und worin deine große Stärke liegt. Für mich waren dies die ersten großen Schritte, die dazu geführt haben, dass ich Speaker geworden bin.

Ich war eine lange Zeit beim Rettungsdienst tätig, bei dem ich ebenfalls gemerkt habe, dass ich gut mit Menschen umgehen kann. In dieser Zeit habe ich mir einen Proof of Concept aufgebaut. Dieser ist im Trainer-, Speaker-, Coaching- und Beratermarkt immens wichtig und bildet die Grundlage, auf der du in Zukunft immer wieder aufbauen kannst. Diese Grundlage war für mich der Vertrieb.
Ich habe mir im Bereich der Telekommunikation ein Netz aus mehreren tausend Vertriebspartnern aufgebaut. Es war eine großartige Zeit: Die Zeit der Deregulierung. Ich fing an, meine Partner zu trainieren und ihnen Tipps und Tools mit auf den Weg zu geben, damit sie besser verkaufen können.
Im Laufe der Jahre war ich derjenige, der auf riesigen Conventions gesprochen hat, beispielsweise in Rothenburg an der Fulda vor 7.000 Menschen und jedes Wochenende vor 1.000 Menschen.

Einer der ausschlaggebendsten Momente meiner Karriere war, als mich ein Vertrieb in den USA zu einem der besten Trainer eingeladen hat. George Zalucki heißt der Mann, ein Psychologe und Dekan an einer amerikanischen Universität.
Er hat mich sieben Tage lang richtig in die Mangel genommen und mir beigebracht, was es wirklich bedeutet, vor Menschen zu sprechen. Was es heißt, die Maske herunterzunehmen und die Menschen im Herzen zu erreichen, anstatt ihnen irgendwelche Dinge beibringen zu wollen. Vor allem aber hat er mir beigebracht, dass es niemals um dich als Coach gehen darf, sondern ausschließlich um dein Gegenüber. Das hat mir einen richtigen Schubs gegeben.

In anderen Worten heißt das für jeden, sich erst einmal eine Basis aufzubauen. Man muss verstehen, dass das Ganze ein Handwerksberuf ist. Die meisten Menschen denken, man müsse eine große Begabung haben, um auf der Bühne zu stehen. Diese ist mit Sicherheit wichtig, allerdings nützt die größte Begabung nichts, wenn dich niemand verbessert und dir Tipps und Tricks beibringt, wie es in jedem Job notwendig ist.

Ich habe mich im Anschluss über mehrere Jahre von den größten Trainern und Speakern dieser Erde ausbilden lassen. Unter anderem von Lance Brown, T. Harv Eker und Blair Singer. Von all diesen Menschen habe ich mir Tools und Tricks mitgeben lassen, die ich langsam in mein eigenes Training einbringen konnte. Die Mischung aus dem Lernen der Tools, der Umsetzung und einem Markt, der dafür bereit war, hat im Endeffekt die Magie ausgelöst. Im Gegensatz zu Deutschland gab es die Szene in anderen Ländern noch nicht.
Mein Wachstum, online und offline, ist durch diese Mischung erst entstanden und möglich geworden, so zum Beispiel bei der Experience International und bei der Tobias Beck University.

Kannst du dich noch an deinen ersten Kunden/Auftrag erinnern? Und falls ja, wie hast du ihn gewinnen können?

Mein allererster großer Kunde außerhalb des Vertriebes, war die 1&1 Internet AG in Montabaur. Ein großer Tipp für alle, die dieses Buch lesen: Es macht sehr viel Sinn, in einer Branche zu beginnen, in der du wirklich Expertise hast. Ich komme beispielsweise aus dem Telekommunikationsvertrieb und bin deshalb in den nächsten Telekommunikationsvertrieb gegangen. Über mehrere Jahre habe ich dort, zusammen mit einem Freund, den Kundenberater-Vertrieb aufgebaut. Das war eine Zeit, in der ich viel lernen durfte.

Wie ich den Kunden damals gewonnen habe? Ich glaube nicht, dass du Kunden gewinnen musst. Das ist für mich der komplett falsche Ansatz. Wenn du gut bist, in dem was du machst, öffnen dir andere Menschen Türen. Das war zumindest in meinem Leben so. Um ehrlich zu sein, habe ich noch nie einen Kunden wirklich gewinnen müssen.

Ein Beispiel: Ich habe einmal eine halbe Stunde bei der Restaurantkette Vapiano gepitched. Nach diesen 30 Minuten wurde Vapiano für zehn Jahre mein Kunde und ich habe hunderte von Seminar-, Trainings-, Coaching- und Beratertagen durchgeführt.

Bei der 1&1 Internet AG wurde ich genommen, weil ich die Grundlagen im Telekommunikationsbereich hatte und ich Vizepräsident in meiner vorherigen Firma war.
Die 1&1 Internet AG hat jemanden gesucht, der zum einen eine Spitzenposition in einem anderen Unternehmen hatte, zum anderen die Deregulierung und Telekommunikation versteht und der darüber hinaus trainieren kann.
In diesem Fall war ich das. Ich war Mitte zwanzig und bin auf einen Vertrieb gestoßen, der zum Großteil der Generation 50 plus angehörte. Das war eine ganz tolle Zeit, in der wir zehntausende von Kunden gewinnen konnten.

Um das Ganze nochmal zusammenzufassen: Andere Menschen machen dich groß. Du selbst kannst dich nicht groß machen. Es gibt Menschen, die dir die Tür zu einem Unternehmen oder sogar die Türen zum Trainer-, Speaker- und Coaching-Markt öffnen, wenn du sichtbar und genial bist und nicht übermütig wirst.
Ich hatte damals einen Tagessatz von 400 bis 500 Euro. Das habe ich nicht mehrere Tage oder Monate, sondern viele Jahre lang gemacht, um Erfahrungen zu sammeln. Aber auch, um mit einem Proof of Concept, Schwarz auf Weiß und mit Zahlen belegbar, im nächsten Schritt höhere Tagessätze erzielen zu können.

Wie bist du anschließend weiter vorgegangen? Wie hast du an Reichweite und Bekanntheit gewonnen, welche Marketingstrategien hast du eingesetzt?

Der nächste große Schritt in Richtung Öffentlichkeit, Reichweite und Bekanntheit ist ein Sammelsurium von Puzzlestücken, die heute Tobias Beck ausmachen. Einer der größten Schritte, die ich in der Vergangenheit gegangen bin und heute immer noch gehe ist, dass ich im Vergleich zu vielen großen Trainern am Markt, eigene Modelle entwickelt habe.

Ich habe das Bewohnerfrei-Modell entwickelt, umgesetzt und es über Tausende von Tagen ausprobiert. Zudem habe ich das Tiermodell mit Eulen, Delfinen, Walen und Haien selbst entwickelt. Dadurch habe ich mich am Markt unersetzbar gemacht.

Das heißt, ab einem bestimmten Punkt haben die Unternehmen nicht mehr Tobi Beck gebucht, sondern wollten das Bewohnerfrei- oder das Tiermodell buchen.
Das bedeutet: Lizenziere dein Modell. Diesen Schritt habe ich damals in einer Zeit gemacht, in der ich noch nicht so viel verdiente. Es hat mir wirklich weitergeholfen. Ich habe damals alles lizenzieren lassen: Das Bewohnerfrei-Modell, das Tiermodell und beides nochmal in verschiedenen Unterklassen. So konnte es mir niemand wegnehmen.
Mit diesen Modellen bin ich zu GEDANKENtanken gekommen. Auch hier konnte ich einen Proof of Concept vorlegen, da ich über 15 Jahre Erfahrungen im Trainerbereich hatte.
Ich bin bei GEDANKENtanken nicht wie die Jungfrau zum Kinde gekommen, sondern das Einzige, was sich für mich verändert hatte, war die Größe des Publikums. In dem Fall saßen dann nicht nur hundert, sondern tausend Menschen vor mir.
Online haben sich bis heute Millionen Menschen die Videos über die Plattform GEDANKENtanken angeschaut. Das hat den großen Hebel umgelegt. Daraufhin sind Instagram und Facebook so gewachsen, dass ich heute wirklich gut von dem Speaker-Geschäft leben kann. Mein Marketing lässt sich also in vier Punkten zusammenfassen:

1. Werde unersetzbar und mache dein eigenes Modell.
2. Finde eine Plattform, die dich aufnimmt und aus dir etwas Großes macht.
3. Lasse dich weiter coachen und trainieren.
4. Gib das, was du bekommst, an andere zurück.

Ich habe das Geld aus den ersten Jahren genommen und eins zu eins in die weitere Ausbildung durch meine Mentoren investiert, mittlerweile habe ich über 250.000 Euro in meine Weiterbildung als Speaker investiert.
Punkt Nummer vier ist womöglich der größte Hebel, ich nenne das Karmic-Management.
Meine ersten Seminare waren kostenlose Charity Veranstaltungen für Jugendliche und Studenten. Ab der ersten öffentlichen Veranstaltung habe ich einen Prozentsatz zurückgelegt und gespendet. Ich glaube, dass wenn wir die richtigen Samen säen, alles irgendwann zurückkommt. Die Früchte, die wir essen, sind die Samen, die wir in der Vergan-

genheit gesät haben. Wenn du damit früh genug und mit der richtigen Intention beginnst, lernst dich als Mensch zurückzunehmen und andere Menschen in den Mittelpunkt zu stellen, dann wirst du als Speaker, Trainer, Coach oder Berater richtig groß werden.

Der nächste große Schritt, um Reichweite zu erzielen, war der Bewohnerfrei Podcast. Mein Team musste mich wirklich dazu überreden. Wann sollte ich denn auch noch Aufnahmen machen? Ich arbeitete doch ohnehin schon Tag und Nacht!
Viele Menschen haben mir erzählt, dass Speaker in den USA sich damit brüsten, in den Top 200 der Wirtschafts-Charts zu sein und wir hatten die einmalige Möglichkeit, durch eine clevere Strategie, das Ganze auf Platz eins zu bringen.
Mit dem Bewohnerfrei Podcast habe ich dann, über die Zielgruppe der Persönlichkeitsentwicklung hinaus, eine hohe Reichweite aufbauen können. Mittlerweile haben über fünf Millionen Menschen den Podcast gehört. Er läuft im Board Programm bei Lufthansa und Eurowings. Das hat auf jeden Fall für den ganz großen Schub an Reichweite gesorgt, um dann im darauffolgenden Schritt damit auf Tour gehen zu können.
Die Unbox Your Life-Tour, basierend auf dem Unbox Your Life-Buch, das mittlerweile auch ein Amazon und Focus Bestseller geworden ist, hat dazu geführt, dass tausende und zehntausende Menschen zur Tour gekommen sind und sich inspirieren ließen. So wird diese Message immer weitergetragen.
Dahinter steckt eine große Mission: So vielen Menschen wie möglich zu einem positiveren Leben zu verhelfen. Menschen zu Führungskräften auszubilden, die dann wiederum anderen Menschen weiterhelfen.
Das sind die Puzzlestücke, die irgendwann die Marke Tobias Beck ergeben haben.
Das heißt, Erfolg als Speaker, Trainer, Coach oder Berater ist nicht dieses eine Event oder dieses eine Tool. Es ist die Vernetzung von ganz vielen kleinen Tools, die über Jahre hinweg das große Bild ergeben.
Wenn du über mehrere Jahre die richtigen Dinge tust und am Boden bleibst, dann werden dir andere Menschen Türen öffnen. Im Umkehrschluss hat das zu der Reichweite geführt, die ich heute habe.

Ein weiterer, ganz wichtiger Punkt, um Reichweite zu bekommen, ist die Vernetzung mit anderen. Ich bin ein großer Freund von Kollaborationen. Das heißt, wir werfen uns mit anderen Coaches, Trainern und

Speaker-Kollegen Bälle zu. In diesem Fall handelt es sich um zahlende Kunden.
Ich persönlich bin der Meinung, dass wir in einer Zeit angekommen sind, in der wir alle die Ellenbogen wieder einfahren dürfen. Ich bin absolut im Geber-Modus und lebe nicht im Mangel. Es ist genug für alle da. Ich weiß gar nicht wohin mit den ganzen Kundenanfragen. Deshalb gebe ich sie sehr gerne an andere große Kollegen weiter. Diese stellen mir dann wiederum ihre Kunden zu Verfügung. So teilen wir uns den Markt, anstatt andere auszugrenzen oder sich über andere zu stellen. Gerade in der Persönlichkeitsentwicklungsszene ist kein Platz für Egos.

Wie würdest du diesbezüglich vorgehen, wenn du heute nochmal bei null starten müsstest? Welche Strategien würdest du den Lesern empfehlen, um Reichweite und Bekanntheit aufzubauen?

Wenn ich heute nochmals neu als Trainer, Coach und Berater beginnen könnte, dann würde ich nach der Blue Oceans Strategie vorgehen. Ich würde mir in meiner Zielgruppe oder in meinem Markt überlegen: Was machen die anderen und was kann ich anders machen?

Ich habe vorhin schon gesagt, dass jeder eine Sache richtig gut kann. Das bedeutet, ich würde eine Matrix erstellen, in der ich ganz genau aufschreibe: Was kann ich am Markt und in der Nische, in der ich unterwegs bin, anders machen?
Ich möchte ein Beispiel geben. Ich habe damals geschaut, was es schon an öffentlichen Seminaren gibt. Da gab es großartige Kollegen, die riesige Seminare mit tausenden von Teilnehmern machten. Dadurch sind sie natürlich eher unpersönlich, haben wenig Liebe zum Detail und es geht eher um Massenabfertigung.
Ich habe genau das Gegenteil gemacht. Ich habe mich darauf fokussiert, kleine Veranstaltungen mit viel Liebe zum Detail und mit viel persönlicher Verbindung zu machen. Der Unterschied ist, dass du genau schaust, wo du etwas anders machen kannst. Wenn ich die Zeit zurückdrehen könnte, dann würde ich früher damit beginnen, mir Bühnen zu suchen, die schon da sind. Ich würde zu Toastmasters gehen, ich würde in Clubs gehen, wo ich von anderen Menschen richtig in die Mangel genommen und geschliffen werde. **Ich würde an Orte gehen, an denen ich mir Feedback von anderen Kollegen einholen kann, um die Trial und Error-Phase ein wenig zu verkürzen. Und ich würde noch mehr Geld**

in meine Ausbildung investieren, da ich gemerkt habe, dass das auf Dauer den wirklichen Unterschied hervorbringt.
Um weiter Reichweite aufzubauen, würde ich bei einem Mentor beginnen, der schon viel Reichweite hat. Ich würde mir jemanden suchen, den ich als Vorbild nehmen kann, um mir genau seine Strategien anzuschauen und von ihm zu lernen, bevor ich mich auf dem Markt behaupte. Wie damals der Meister und der Lehrling. Ich würde ihm über mehrere Monate und Jahre dienen, um zu schauen, wie er es gemacht hat. Letztlich würde ich dann überlegen, wie ich es für mich umsetzen kann, was die Hebel sind, die ich umlegen würde, um letztlich mein eigenes Ding zu machen.

Wie wichtig sind für dich digitale Produkte als Ergänzung in deinem Produktportfolio? Und wie schätzt du dessen zukünftige Bedeutung ein?

Digitale Produkte sind ein absoluter Milliardenmarkt. Ich war sehr überrascht, als ich gesehen habe, wie viele Menschen unsere Produkte auf Anhieb erworben haben. Seien es unsere Hörbücher oder auch die Public Speaking University.
In den nächsten Jahren wird meine Strategie darin bestehen, gemeinsam mit meinem Team neben den Offline-Kursen eine Online-Akademie aufzubauen, in der die Inhalte angeboten werden.
Gleichzeitig ist mir vollkommen bewusst, dass die Emotionalität wirklich nur Face-to-face in einem Raum mit einem Coach aufgebaut werden kann. Als Ergänzung ist es allerdings ein absolut großartiger Einkommensstrom. Ich selber bin Konsument von online und digitalen Produkten. Hier lasse ich mich von anderen inspirieren. Ich bin auch bereit im Hochpreissegment große Summen zu investieren, um Nischenwissen einzukaufen. Aber bevor ich nach Las Vegas fliege, zu Trainern oder Speakern, die mir unbekannt sind, lade ich mir das Wissen runter und lerne sehr gerne von denen, denn sie sind Helden in ihrer Nische.

Auch in diesem Jahr bestehen unsere nächsten Schritte darin, weitere Online-Produkte auf den Markt zu bringen. Denn dieser Markt wird in Zukunft definitiv stark wachsen.

Du warst mehrfach als Referent auf unseren Events. Welche Bedeutung haben solche Auftritte als Speaker auf externen Events für dich? Welchen Nutzen ziehst du daraus bzw. warum sollte jemand, der als Speaker/Trainer/Coach erfolgreich werden will, sich darum bemühen, solche Gast-Auftritte zu bekommen?

Externe Auftritte bei Multi-Speaker-Events oder anderen Events sind extrem wichtig für den Aufbau der Reichweite eines jeden Speakers.
Deshalb ist es mir immer eine große Ehre, auf diesen Bühnen zu sprechen. Dir wird dort nichts geschenkt. Du musst jeden Tag aufs Neue mit 100 Prozent performen. Gleichzeitig ist der größte Nutzen daraus, dass du deine Reichweite ausbauen kannst. Einer meiner Mentoren T. Harv Eker hat mir beigebracht: „Tobi, you need to bring people from their room to your room." Das bedeutet, wenn du es in einem Vortrag schaffst, so viel Mehrwert zu geben, dass es für die dort sitzenden Teilnehmer selbstverständlich ist, mit dir weiter zu gehen, weiter zu lernen und weiter zu wachsen, dann werden dir die Menschen in deinen Raum, ob virtuell oder in Form von Seminaren, folgen.
Den Tipp, den ich dir hier geben möchte ist, dass du am Ende einer jeden Keynote ein Geschenk, einen Test, einen Freebie, eine PDF, eine Checkliste, ein kostenfreies Buch oder ein Hörbuch anbietest, so dass du den Menschen einen Mehrwert gibst. So bindest du Menschen auch langfristig an dich und deinen Content.
Für mich ist es ganz wichtig, bei jedem dieser Gastauftritte mein Bestes zu geben, um Menschen von dem Raum, in dem ich spreche, mit in meinen Raum zu nehmen, um dort dann wirklich in der Nische und in voller Intensität arbeiten zu können. Deshalb macht es mir unglaublich viel Spaß, auf der Bühne zu stehen und zu rocken, mittlerweile 250 Mal im Jahr.

Abschließend möchte ich dir noch einen Tipp mitgeben: **Du musst nicht Everybody´s Darling sein. Es geht nicht darum, gemocht zu werden, sondern es geht darum, dass du deinen Mehrwert an die Leute weitergibst, die mit dir weiter wachsen wollen.** Und wenn du in diesem Markt Fuß fassen möchtest, dann wirst du Menschen haben, denen das nicht passt. Du wirst Hater haben. Aber hier ist die gute Nachricht: Auch Pumuckl und die Biene Maja haben Menschen, die sie nicht mögen. Du machst einfach weiter. Du bist ein Geschenk für diese Welt. Du bist es wert, auf der Bühne zu stehen.

Ich freue mich darauf, dich weiter bei uns in der Public Speaking University oder in der Public Speaking University online ausbilden zu dürfen. Es wäre mir eine Ehre, dir weiterhin Mehrwert und das Handwerkszeug geben zu dürfen, welche bei mir dazu geführt haben, dass ich heute Millionen von Menschen erreiche. Was es mir erlaubt, im Ausgleich Millionen Umsätze zu fahren. Ich würde mich freuen, mit dir gemeinsam auf diese Reise gehen zu dürfen.

CALVIN
Hollywood

Einen Löwen interessiert es nicht, was die Schafe über ihn denken!

Calvin Hollywood

2
CH
Calvin
Hollywood

Dein Feedback – mein Content – mit der Community ans Ziel

Ein Interview mit Calvin Hollywood

Du hast eine große Erfolgsstory hingelegt, die wir jetzt gerne einmal aufarbeiten wollen. War es von Anfang an dein Ziel: Trainer, Speaker, Coach zu werden? Oder bist du da mehr oder weniger reingestolpert?

Vor Leuten zu sprechen, das wollte ich im Leben nicht. Durch meine Zeit beim Militär bin ich in das Ausbildungsthema mehr oder weniger reingestolpert. Ich wollte heimatnah stationiert bleiben und das ging nur als Ausbilder. Also stand mein Entschluss fest: Ich werde Ausbilder.
Nach kurzer Zeit hieß es, dass ich einen Vortrag vor 100 Leuten halten soll. Ich wurde also komplett ins kalte Wasser geworfen. Das zog ich dann durch und bekam vom Militär weitere Ausbildungen auf dem Gebiet.
Dann habe ich von außerhalb der Bundeswehr immer mal wieder Fragen zu verschiedenen Themen bekommen, die ich denjenigen Personen immer privat beantwortet habe. Zu dem Zeitpunkt war ich schon fünf Jahre Ausbilder bei der Bundeswehr und habe hunderte von Vorträgen gehalten. Als mir dann immer mehr Menschen Fragen gestellt haben, dachte ich mir, dass ich mein Wissen doch an eine große Menge an Menschen, anstatt immer nur an eine Person, weitergeben kann.
Durch meine Ausbildung war es für mich dann relativ einfach, vor Menschen zu sprechen. Ich habe erstmal klein angefangen und auf Stammtischen Fotografen Beispiele gezeigt und Vorträge gehalten.
So bin ich in die Branche eingestiegen. Mir persönlich fällt es leichter, vor einer großen als vor einer kleinen Gruppe zu sprechen. Wenn du also als Speaker arbeitest, kommen normalerweise keine Fragen zurück. Als

Coach hingegen arbeitest du mit den Menschen zusammen, was mir anfangs noch schwerfiel.

Du hattest das große Glück, dass du deine Leidenschaft zur Fotografie zum Beruf umfunktionieren konntest. Was würdest du den Lesern des Buches raten, sollten sie auch ihre Leidenschaft zum Beruf machen wollen? Oder sollten sie eher etwas suchen, wo man vielleicht eine Marktnische findet, um das Ganze profitabler zu gestalten?

Dein Weg muss mit dem Herzen anfangen und danach sollte man sich die entsprechende Nische suchen. Wenn man eine Leidenschaft hat, dann ist die selten in einer Nische zu finden, sondern meistens ist es eine, die viele Menschen teilen. Wenn du merkst, dass du dein Hobby zum Beruf machen kannst, dann musst du dich tiefer in das Thema einarbeiten und dich auf einen bestimmten Bereich spezialisieren.
Wenn man zum Beispiel sehr viel Fachwissen im Bereich Ernährung hat, kann man überlegen, ob man sich als Ernährungs-Coach für Menschen, die viel Zeit in Hotels verbringen, positioniert. Dann befinden wir uns in einer Nische. Die Spezialisierung fällt auf Menschen, die ein paar Tage am Stück in Hotels verbringen, die Sport machen müssen und somit auf eine bestimmte Ernährung achten sollten.
Ich empfehle, die Entscheidung aus der Leidenschaft heraus zu treffen, um dann zu versuchen, das Hobby in der Zielgruppe einzugrenzen. Ansonsten schwimmt man mit der Masse mit und dann wird es sehr schwer werden, erfolgreich zu sein.

Wir hatten den ersten Kontakt im Herbst 2016. Ich hatte dich damals gefragt, ob du als Speaker beim Gipfeltreffen hier in Köln dabei sein möchtest. Kannst du aus deiner Sicht sagen, wie man sich als Speaker/Trainer/Coach am besten positioniert, um Aufträge zu bekommen, sodass die Kunden auf einen zukommen, ohne dass man sich selbst zu sehr pushen muss?

Eine wichtige Frage, die man sich erst einmal stellen sollte, ist: Welche Art von Speaker will man werden? Es gibt zum Beispiel die Speaker, die in Firmen Vorträge halten. Dafür muss man keine Massen begeistern und Reichweite aufbauen. Da ist Mundpropaganda völlig ausreichend. Den einen Vortrag kann man über zwei, drei Jahre in verschiedenen Unternehmen halten.

Das war jedoch nie der Weg, den ich gehen wollte. Mein Interesse besteht darin, Vorträge bei Veranstaltungen oder bei Kongressen zu halten. Als Konferenz-Speaker finde ich es wichtig, authentisch zu sein, um die Menschen zu fesseln. Du solltest aus der Menge herausstechen und besonders sein, ohne dass die Fachkompetenz, die Qualität deiner Rede oder der Content darunter leiden.
Ich finde es auch wichtig, dass du als Speaker eine gewisse Reichweite mitbringst. Wenn du einen Vortrag auf einer Konferenz halten willst, ist es im Sinne des Veranstalters, dass du deine Community für das Event begeistern kannst und so der Ticketverkauf gesteigert wird. Entweder, weil die Community dich als Speaker bereits von woanders kennt, dich live sehen will oder weil du eine gute Reichweite hast, sodass du selbst Zuschauer mitbringen kannst. So entsteht am Ende immer eine Win-Win-Situation.
Wenn man sich erst als Speaker etablieren möchte, darf man nicht zu sehr an die Gage denken. Es gibt Konferenzen, bei denen ich bezahlt werde, es gibt aber auch welche, auf denen ich kostenlos auftrete. In so einer Situation muss man den Profit von einer anderen Seite betrachten und dafür brauchst du als Speaker ein System. Ich denke, sowas steht und fällt mit der eigenen Entscheidung, wo man Speaker sein möchte.
Wenn ich beispielsweise bei GEDANKENtanken auf der Bühne stehe, kann ich nicht meine 5.000 Euro Gage verlangen. Wenn ich auf einer Konferenz auftrete, die erstmalig stattfindet, kann ich eventuell eine Aufwandsentschädigung verlangen. Es muss immer ein Geben und Nehmen sein.

Wenn du als Trainer/Speaker/Coach nicht für jeden Auftritt ein Honorar nimmst, womit verdienst du denn dann grundsätzlich dein Geld? Du hast schließlich Mitarbeiter, die bezahlt werden wollen.

Ich glaube, dass es gar nicht mehr notwendig ist, auf einer Bühne zu pitchen. Gerade in der heutigen Zeit liefern Speaker im Nachgang Videokurse oder eigene Coaching Programme ab und generieren so ihre Umsätze.
Angenommen du gehst auf eine Veranstaltung, um einen bezahlten Auftritt vor 1.000 Teilnehmer abzuliefern. Am Ende deines Vortrags pitcht du dann ein Produkt für 100 Euro, welches beispielsweise von zehn Leuten gekauft wird - dann hast du 1.000 Euro verdient.

Aber was ist, wenn von 1.000 Teilnehmern 50 oder 80 Interessenten dein Produkt kaufen? So kommst du direkt auf 5.000 bis 8.000 Euro Umsatz. Das bekommst du mit einer Gage in dem Rahmen oft gar nicht hin. Wenn du also ohne Gage auftrittst, bekommst du auf jeden Fall neue Follower. Das müssen nicht mal viele sein, weil der Veranstalter in der Regel viele neue Menschen zu dir bringt.
Auf jeden Fall solltest du deinen Interessenten ein spannendes Produkt im Anschluss an deinen Vortrag präsentieren können, ohne das Produkt auf der Bühne direkt zu pitchen. Wenn du gut performst, werden die Leute im Nachgang ohnehin Interesse an deinen Produkten haben und gerne mit dir zusammenarbeiten wollen.
Sie finden die Produkte dann auf deiner Webseite oder du postest etwas zeitnah nach der Veranstaltung auf deinem Instagram-Account. Machst du dort einen gnadenlosen Pitch, dann muss dieser nicht auf der Bühne stattfinden.
Ich kann Speaker nicht verstehen, die auf Konferenzen präsentieren und danach wieder gehen. Das ist dumm. Geh mal auf die Contra, da bist du zwei Tage. Da zahlen andere 1.000 Euro für. Man sollte einfach alles mitnehmen, was geht. Das ist der Profit.

Neben deinen Auftritten als Speaker/Trainer/Coach hast du digitale Produkte, um im Nachgang die Events zu monetarisieren. Was würdest du jemandem, der gerade noch relativ am Anfang steht oder vielleicht den offline Part schon im Griff hat, an Online-Produkten empfehlen? Sollte derjenige mit E-Books starten? Mit Videokursen? Mit Online-Abos? Mit Memberships? Was sind da deine Empfehlungen?

Ich würde jedem, der mit dem Speaking anfängt, empfehlen, im Nachhinein an den Vortrag ein hochpreisiges Produkt anzubieten. Damit einzusteigen ist der schnellste Weg, um Geld zu verdienen.
Wenn du online, ohne Speaking durchstarten willst, würde ich kleiner anfangen, beispielsweise mit einem Hörbuch. Ein Hörbuch ist ein guter Test um herauszufinden, wie man bei der Community ankommt. Bei einem Hörbuch musst du sprechen und klaust den Menschen keine Zeit, wie bei einem E-Book, das der Kunde lesen muss.
Wenn du allerdings noch kein Produkt hast und auf eine Konferenz eingeladen wirst, solltest du eher deine Webseite verlinken lassen, auf der es ein Mentoring gibt, das 1.000 Euro kostet. Mit diesem Mentoring begleitet man eine Person oder vielleicht 30 Personen ein Jahr lang und ge-

neriert daraus 30.000 Euro an Umsatz pro Monat. Das ist für den Anfang okay, kein Angestellter kriegt 30.000 Euro im Monat für den Einstieg. Zudem betreust du nur 30 Leute und kannst nebenbei dein Business weiter aufbauen. Wenn du also ein Mentoring-Programm hast, an dem ein Jahr lang Kunden teilnehmen, dann hast du viele Möglichkeiten.

Auf die Frage vorhin, wie man an Buchungen herankommt, hast du geantwortet, dass man am besten selbst Reichweite mitbringt. Wie baut man Reichweite auf? Welche Kanäle würdest du empfehlen? Welche Einstiegsstrategie würdest du jemanden empfehlen, der noch bei null steht und da vorankommen möchte?

Gerne möchte ich zur Beantwortung der Frage die Geschichte erzählen, wie ich damals zur weltgrößten Konferenz im Bildbearbeitungsbereich kam.
Ich wollte schon immer nach Las Vegas auf die Bühne und vor 3.000 Menschen auftreten. Das hat noch nie ein Deutscher und auch kein Photoshop-Trainer geschafft. Damals spielte Social Media noch keine große Rolle, alles lief offline ab. Ich schaute mir an, welche Speaker regelmäßig auf dieser Bühne auftreten. Drei davon habe ich angeschrieben: Kathrin, Russel und Scott. Ich schrieb: "Ich würde dich gerne davon überzeugen, dass ich auf die Konferenz gehöre. Was muss ich tun? Wie kannst du mir helfen? Wie kann ich dich überzeugen?"
Kathrin antwortete mir: „Komm nach New York und halte an meiner Schule einen kostenlosen Vortrag vor 40 Studenten. Wenn du gut bist, empfehle ich dich weiter."
Ich bin damals mit meiner Frau nach New York geflogen, um den Vortrag zu halten. Danach hat Kathrin mich weiterempfohlen. Es war ein Kinderspiel. Nicht der Prozess an sich, aber die Frage nach dem Weg dahin. Heute würde ich es wieder genauso machen. Wenn ich beispielsweise auf die Contra Bühne möchte, dann würde ich mich fragen: Wer tritt da auf? Pascal Feyh, Calvin Hollywood - die typischen Verdächtigen. Diese würde ich anschreiben und fragen: „Pass mal auf, ich würde gerne für deine Community einen gemeinsamen Livestream für Instagram machen. Ich würde gerne für deine interne Facebook-Gruppe ein 45 Minuten langes Video aufnehmen und sie mit meinem Content überzeugen. Ich schicke es dir gerne vorab zu. Aber bitte nur für deine Community veröffentlichen. Wenn es gut ist, hätte ich gerne, dass du erwähnst, dass du es gut findest."

Bei einem gemeinsamen Instagram-Livestream kriegt der Veranstalter der Contra mit, wen Pascal da empfiehlt. **Die Konferenzveranstalter sind immer auf der Suche nach Frischfleisch, nach guten Leuten.** Dafür suchen sie aber nicht in irgendwelchen Communities, sondern es läuft alles über Empfehlungen.
Deswegen würde ich mich an die Big Player richten und ihnen sagen: "Ich will da rein. Ich mache was gratis für deine Community. Aber dann empfiehlst du mich." Das funktioniert zu 100 Prozent.

Ein sehr guter Weg - der eine oder andere Kontakt kam da ja auch in der Vergangenheit schon von dir. Das waren überwiegend sehr hochwertige Leute, die teilweise jetzt auf unseren Konferenzen sprechen. Gerne möchte ich noch über ein anderes wichtiges Thema mit dir sprechen: die Positionierung. Ich muss mich als Speaker/Trainer/Coach klar positionieren. Kannst du Tipps geben, worauf ich achten sollte?

Ich würde mich so positionieren, wie ich bin. In der Zwischenzeit habe ich in vielen Bereichen Erfahrungen sammeln können. Ich finde es wichtig, dass man sich in einer Art präsentiert, in der man sich wiederfindet. Über mich sagt man: "Das ist doch der Typ mit dem Dialekt. Das ist doch der Typ, der immer so echt auf der Bühne ist. Das ist doch der Typ, der manchmal auch witzig ist. Das ist doch der Hollywood - der Calvin Hollywood."
Natürlich ist Social Media eine Kernkompetenz, aber ich finde es wichtiger, mit der Positionierung einen Wiedererkennungswert in seiner Art zu haben, um nicht abhängig von einem Thema zu sein.
Natürlich sollte man nicht von Tag zu Tag die Themen wild mischen, aber ich bin ein Fan von Variationen. Es gibt Leute, die halten immer wieder den gleichen Vortrag. Das geht in der heutigen Zeit gar nicht, denn wenn du mehrmals auf einer Konferenz dabei sein willst, kannst du nicht jedes Mal deinen Inhalt wieder frisch aufwärmen. Deswegen ist die Positionierung in deiner Art, der Wiedererkennungswert und das Markenzeichen wichtig und durchaus ein Thema, bei dem du variieren kannst.

Du hast damals an unserem Event, der One Idea Mastermind in Cannes teilgenommen und dort den Award gewonnen, weil du in der Runde einen super guten Tipp rausgegeben hast. Wie wichtig sind solche Awards oder Auszeichnungen für Trainer/ Speaker/Coaches? Sind sie deiner Meinung nach überschätzt? Oder sind sie wertvoll, um sich einfach abzugrenzen?

Auf diesen Award bin ich sehr stolz! Er bedeutet mir so viel, weil er in der Champions League entstanden ist. Es gibt aber auch viele Awards, die auf Traffic basieren. Die bekommst du nicht einfach so, dafür brauchst du beispielsweise eine Community.
Anfangs war ich sehr scharf auf diese Awards, aber mittlerweile sind sie für mich nicht mehr so wichtig. Was mir aber sehr viel bedeutet, sozusagen der größte Award für mich, ist es irgendwo eingeladen zu werden. Es gibt Speaker, die nur für Motivation sorgen. Ich wollte lieber ein Content-Speaker sein. Es ist für mich viel wichtiger, dass die Leute einen Mehrwert haben, wenn sie aus einem meiner Vorträge rausgehen.
Der größte Award ist für mich, wenn Content hängen bleibt und ich deswegen wieder eingeladen werde oder wenn ich zu einer exklusiven Mastermind eingeladen werde.

Ich kann mich noch an ein schönes YouTube-Video von dir von vor vielen Jahren erinnern, wo du in Militäruniform am Küchentisch saßt. Und dieses Jahr stehst du vor 2.000 Leuten auf der Bühne bei der Conversion Traffic Konferenz, der Contra und sprichst zu deinem Kernthema Online-Marketing. Bist du nervös vor so einem Auftritt?

Ich muss ganz ehrlich sagen, bei dem Event weniger. Das fühlt sich alles sehr freundschaftlich an, weil ich auch schon öfters dabei war. Ich habe dabei ein Gefühl der Kontrolle. Wir beide kennen uns ja sehr gut. Ich würde nervöser werden, wenn wir uns noch nicht kennen würden, da man den Veranstalter nicht enttäuschen möchte, der mit seinem Namen bürgt. Das Publikum überzeuge ich, da habe ich keine Angst.
Manchmal bin ich aber auch in Unternehmen, in denen mich die Leute nicht kennen. Da ist schon eine Grundanspannung vorhanden.
Ansonsten würde ich sagen, dass eine normale Grundnervosität, ein gewisser Respekt da ist. Ein Respekt dafür, dass so viele Menschen mir jetzt zuhören. Was noch vorhanden ist, ist eine große Wertschätzung. Dass ich jetzt sagen kann: „Boah, das gibt es doch nicht. Damals hast du

am Küchentisch gesessen und etwas laut ausgesprochen und jetzt bist du hier angekommen. Das kann doch gar nicht sein."

Kommen wir einmal zu den zeitlichen Abläufen vor einem Event. Ich schätze mal, ca. ein Dreivierteljahr vorher bekommst du die Speaker-Anfrage und dann gibt es den Tag X, an dem du performen musst. Wann machst du dir Gedanken über die Inhalte? Wann erstellst du Präsentationsfolien? Und vielleicht nimmst du uns auch so ein bisschen mit auf die Reise, wie die Minuten vor dem Auftritt aussehen. Konzentrierst du dich? Oder willst du abgelenkt werden? Brauchst du Wasser? Trinkst du Cola?

Wenn ich eine Speaker-Anfrage bekomme und der Deal geklärt ist, dann wird als erstes ein Grundthema festgelegt. **Ich versuche immer, so spät wie möglich meine Vorträge vorzubereiten, um so aktuell wie möglich zu sein.** Eigentlich gibt es immer eine Abgabefrist, bis wann der Auftraggeber die Folien haben möchte. Das versuche ich immer hinauszuzögern, um möglichst aktuelle Case Studies zu präsentieren.
Ich nehme keinen Vortrag zweimal. Vielleicht ist das Thema ähnlich, aber ich versuche es neu zu verpacken. Ich kann das Rad schließlich nicht immer neu erfinden.
Dann mache ich mir Gedanken über die Unterthemen und nehme mir im Vortrag immer fünf Minuten Zeit für einen Punkt. Wenn ich zum Beispiel heute Abend 25 Minuten habe, dann sind das ca. drei bis fünf Tipps, die ich geben will, also fünf bis sieben Minuten für einen Tipp.
Ich bin Content-Speaker und keiner, der Storytelling betreibt und erzählt, wie toll er ist. Ich gebe in fünf bis sieben Minuten einen Tipp, der mit einer Erfahrung untermalt wird. Ein Tipp, eine Fallstudie dazu und ein Beweis, dass es funktioniert. Das ist mein Plan. Den überlege ich mir erst auf Papier und dann überlege ich mir ein Visual.
Das Visual ist immer ein Bild oder ein Video, das muss eigentlich immer mit dazu. Es gibt aber auch eine Ausnahme. Ich bin ein Gegner von viel Text auf einer Folie, aber gerade auf Konferenzen ist das für mich so ein Geheimtipp.
Am Ende eines Vortrages gibt es eine Zusammenfassung mit viel Text. Ich weiß, dass es methodisch nicht das Beste ist, aber die Zuschauer fotografieren sich sowas ab.
Deswegen integriere ich gerne die Old School Bulletpoints mit den Schlüsselaussagen.

Dann nehme ich die Bulletpoints und Bilder, mache das Visual, bereite die Präsentation vor und verschicke sie. Wenn die Keynote dann raus ist, wird bis zum Umfallen trainiert. Das kommt natürlich ein bisschen darauf an, was der Anlass und wie fremd mir das Thema ist, aber ich spiele alles mehrfach durch.
Ich könnte andere Speaker ohrfeigen, wenn sie auf der Bühne stehen und sagen: „Auf dem Weg hierher hatte ich nicht viel Zeit. Ich habe da gestern noch was vorbereitet." Ich bin dann kurz davor auf die Bühne zu rennen und die runter zu ziehen. Da sage ich mir: „Wozu trainiere ich überhaupt?" Ich spiele also alles in Echtzeit durch. Der Timer läuft mit und manchmal sitzt jemand bei mir im Büro, der mir Feedback gibt. Einen 90 Minuten Vortrag spiele ich dann vielleicht fünf mal durch, einen 20 Minuten Vortrag ungefähr 20 Mal.
An dem Tag, an dem ich den Vortrag halte, gibt es den perfekten Tagesablauf. Es gibt keine Störung zwischendrin. Ich stehe zu meinen gewohnten Zeiten auf, ernähre mich gut und alles passt. Am Vorabend geht es früh ins Bett, denn ich will zu 100 Prozent abliefern. Ich bin schon lange vor meinen Vortrag vor Ort, um die Energie zu schnuppern. Wie ist die Stimmung? Ich rede, wenn möglich, mit den Leuten. Ich bin kein Speaker, der nur in VIP Räumen abhängt. Eine Stunde vorher ziehe ich mich dann zurück, gehe alles nochmal im Kopf durch und bringe mich in Stimmung.
Ein paar Minuten vorher höre ich oft noch das Lied „Hall of Fame", was mich komplett wegkickt. Ich stehe meistens so unter Strom, dass ich dem Typen, der mir das Mikro anlegt, sagen muss: „Pass mal auf, dreh mich runter. Ich bin wahrscheinlich viel zu laut."

Hast du eine Story aus deiner Bühnenerfahrung, wo mal was richtig schiefgelaufen ist? Wo du sagst, das hätte nicht so passieren sollen?

Ja, bei einem meiner ersten großen Vorträge in Deutschland. Das war in München, als ich ungefähr 400 Zuschauer hatte.
Ich hatte ja vorhin von einer Person gesprochen, Russel Brown, den ich überzeugen wollte. Russel war auf der gleichen Konferenz als Redner gebucht und ich sagte zu ihm: „Russel, ich halte später einen Vortrag. Kannst du dich mit reinsetzen? Damit du beurteilen kannst, ob es gut ist, um mich dann weiter zu empfehlen."
Ich war sehr nervös, weil in dem Vortrag der Mitentwickler von Adobe Photoshop drin saß. Ich wusste, es geht um alles.

Was da schiefgegangen ist, dass ich das Headset falsch rum aufhatte. Das Mikro war also an meiner Stirn, rechts oben neben dem Auge. Ich sah aus wie ein futuristischer Kämpfer. Das war eine peinliche Sache.
Auch bei dem Vortrag in New York vor Kathrin Eismann ist was schiefgelaufen. Ich habe anstatt „Raw Conversion“ in der Bildbearbeitung immer „Raw Conversation“ gesagt. Und das den kompletten Vortrag durch. Also die „Raw Unterhaltung“, ein Sprachfehler in Perfektion. Die Amerikaner sind da aber nicht so empfindlich. Die wussten, dass ich aus Deutschland kam. Aber ich habe die ganze Zeit ein falsches Wort benutzt, über 45 Minuten lang. Das sind nur zwei Dinge, bei denen ich mich sehr geschämt habe. Aber wie es so oft ist, den Zuschauer juckt das nicht so sehr. Da nehmen wir uns oft selbst zu wichtig.

Hattest du auch schon einmal ein Blackout auf der Bühne?

Ich war auf der Photokina, bei der wieder so 300-400 Leute vor Ort waren. Ich sagte: Jetzt zeige ich euch das. Guckt mal was passiert, wenn ich auf den Knopf drücke, wie geil es aussieht.“ Und nichts passiert. Das war so peinlich.
Ich sagte dann: „Okay Freunde, so einfach kriegt ihr mich nicht. Das machen wir nochmal. Ich habe irgendwo scheinbar einen Fehler gemacht, aber ich gebe nicht auf.“ Dann funktionierte die Technik für zwei bis drei Minuten und dann passiert wieder nichts. Das war ein Blackout in Perfektion. Ich habe es nicht hingekriegt. Was macht man in dieser Situation?
Ich würde sagen, dazu stehen. Ich weiß nicht, ob man sich auch entschuldigen muss, aber ich würde es ins Lächerliche ziehen. Ich habe mir einen Spruch überlegt, den könnt Ihr gerne klauen: **„Das ist der Moment, in dem die Raumtemperatur um zehn Grad steigt. Merkt ihr das gerade, wie es auf einmal heiß wird?“** Dann lachen die Zuschauer.
Das ist der schlimmste Moment für einen Speaker. Aber hey, weiter machen. Ich sagte dann: „Leute, das was jetzt nicht geklappt hat, präsentiere ich heute Abend auf meinem YouTube-Kanal, da bekommt ihr das beste Tutorial. Geht da rein, ich liefere es euch nach.“ Also wenn ein Blackout kommt, sprecht es an und sagt: „Darüber werde ich mich später ärgern. Aber wisst ihr was, ich liefere nach.“

Alle im Raum wissen, dass es in diesem Moment sehr unangenehm für den Referenten ist. Wenn du bis dahin und danach eine gute Performance ablieferst, wissen alle, dass es eine Ausnahmesituation ist. Wenn du bisher schon schlampig warst und dann passiert sowas, dann stehen die Leute auf und gehen raus.

Bist du schon mal auf einer Bühne hingefallen?

Nein. Bist du schon mal hingefallen?

Nein, aber da haben alle Angst vor, dass sie auf die Bühne purzeln. Aber bin ich zum Glück auch noch nicht.

Wir müssen noch über ein Thema sprechen, bei dem man nicht so leicht hinfallen kann, nämlich Digitalisierung. Thema Webinare und Online-Kongress. Wir machen ja sehr erfolgreich große Online-Kongresse, mit denen wir ein Offline-Format in ein Online-Format umzumünzen. Was ist so deine Meinung dazu für Speaker, die jetzt starten? Oder auch für die, die vielleicht schon ganz gut davon leben konnten, aber aufs nächste Level kommen wollen. Was ist deine Meinung und Einschätzung, wie das einen Speaker weiterbringt?

Wer meiner Meinung nach von den drei Komponenten Speaker, Veranstalter und Teilnehmer am meisten von so einem Online-Kongress profitiert, ist definitiv der Teilnehmer. Ein Online-Kongress ist live, gratis und später kannst du dir oft die Aufzeichungen kaufen, weil du nicht alles konsumieren kannst. Der Teilnehmer gewinnt zu 1.000 Prozent.
Wichtig dabei ist, dass der Veranstalter Wert darauf legt, dass guter Content geliefert wird und keine aufgewärmten Sachen. **Meine Erfahrung bei Online-Kongressen ist, dass Reichweite und neue Kontakte eine stärkere Währung sind als der Euro.**
Aus diesem Grund ist selbst für erfahrene Speaker, die schon einen Haufen Geld verdienen und bekannt sind, ein Online-Kongress super lukrativ. Allerdings ist nach meiner Erfahrung nur einer von zehn Online-Kongressen gut.
Bei solchen Kongressen muss man sehr darauf achten, wie der Veranstalter eingestellt ist. Ist der seriös? Ich bekomme so viele Kongressanfragen und ich meine, ihr wart mit bei den Ersten dabei. Was da

im Moment alles kommt, ist schon sehr gut. Aber es muss immer eine Win-Win-Situation sein.
Wenn mich ein sehr kleiner Kongress anfragt und dann groß pokert: „Wir erreichen 100.000 Leute und du profitierst von der Reichweite.“, dann muss ich bei diesem Argument lachen, weil ich zehnmal mehr Reichweite habe als der Veranstalter. Hier ist die Frage, wer von wem profitiert.
Du erkennst an der Handhabung des Veranstalters, was wirklich hinter der Veranstaltung steckt. Wenn ein Speaker eine Anfrage bekommt, sollte er immer skeptisch sein. Steht er ganz am Anfang seiner Karriere, ist es eine super Möglichkeit.
Ich für meine Verhältnisse stehe nicht mehr am Anfang. Ich lehne von zehn Anfragen neuneinhalb ab. Das finde ich auch sehr wichtig, denn ein Speaker, der auf jeder Party tanzt, wird langweilig. Für mich ist deswegen wichtig: Stay in the Family.
Wenn ich bei eurem Online-Kongress dabei bin, dann ist ein anderer Kongress schädlich. Wenn du zweimal auftauchst, dann geht das vielleicht noch, aber irgendwann wirst du auch langweilig. Behalte dir deine Exklusivität vor.
Irgendwann kannst du auch dem Veranstalter sagen: „Pass mal auf, ich bin zum dritten Mal dabei. Ich sage den anderen ab. Jetzt lass uns mal einen anderen Deal machen.“
Wenn der Veranstalter clever ist, sagt der: „Ja, klar. Logisch. Ich meine, man sieht doch, wie du performst.“ Es muss also immer eine Win-Win-Situation sein. Aber der Teilnehmer, der gewinnt fast immer. Deswegen ist auch wichtig, dass der Veranstalter und der Speaker immer gewinnen.
Für mich sind Online-Kongresse super, man sollte aber skeptisch hinterfragen und nicht einfach blind bei jedem zusagen. Dir wird jeder sagen, dass du Reichweite bekommst.

Das kann ich genauso bestätigen. Ich bin ja nicht nur selbst Online-Kongress-Veranstalter, ich bin ja auch Experte für mein Thema. Ich werde deswegen auch oft angefragt, bei anderen Events zu sprechen. Das Hauptproblem ist im Wesentlichen immer die Reichweite. Ein Thema, welches ich da abschließend noch mit dir besprechen möchte, ist das Thema Webinare. Auch ein sehr gutes Thema, um Reichweite zu generieren, aber auch um Kunden zu gewinnen. Wie gehst du da vor? Was würdest du dem Konsumenten dieses Videos und dieses Interviews nahelegen?

Ich gebe ja schon seit 2005 Webinare. Früher habe ich jeden Mittwoch ein Webinar gegeben, damals hieß das aber noch nicht so. Es war eine Online-Schulung. Live-Webinare habe ich da auch schon gegeben, damals noch mit Adobe Connect, mit dem du 100 Teilnehmer hinzufügen konntest.
Ich habe damals 20 Euro für einen Abend verlangt und es waren immer 100 Teilnehmer dabei. Jede Woche habe ich somit 2.000 Euro verdient. Es war bequem, mit Jogginghose zu Hause zu sitzen. Ich habe den Teilnehmer was gezeigt und gesagt: „Nächste Woche ist wieder eins. Kommt ihr?“ Direkt kamen 100 Zusagen.
So habe ich meine 6.000 bis 8.000 Euro im Monat gemacht. In Jogginghosen und ohne, dass ich oder die Teilnehmer irgendwo hingehen mussten. Das war richtig gut.
Heutzutage ist die Software viel besser geworden, du kannst alles automatisieren. Ich finde das super, denn auch das ist wieder eine Win-Win-Situation.
Was ich allerdings nicht gut finde ist, wenn man lügt. Wenn man behauptet, heute Abend sei ein Live-Webinar und man lässt eine Aufzeichnung laufen. Ich weiß, dass viele in unserer Branche da in der tiefen Grauzone sind. Ich denke mir dann immer, dass viele Speaker Arbeitgeber sind. Wenn sie da lügen können, dann können sie doch überall lügen.
Ich habe 95 oder 97 Prozent Zuschauerbindung. Obwohl ich anspreche, wenn es sich um eine Aufzeichnung handelt. Das meine ich mit ehrlich sein. Webinare sollte man auf jeden Fall nutzen, die sind ein absoluter Jackpot. Aber nicht des Geldes wegen oder für mehr Sales.
Wenn ich höre, dass manche Speaker sogar empfehlen, als Mastermind-Idee die Leute zu betrügen, dann geht das gar nicht. Die Menschen werden immer cleverer. Das ging vielleicht vor zehn Jahren, da hat es auch keiner übel genommen. Aber jetzt kommen immer mehr Kreative dazu, die hinterfragen und skeptisch sind. Deswegen empfehle ich,

alles authentisch, echt und ohne Lügen zu nutzen. Das ist immer eine Win-Win-Situation.

MIRIAM
Höller

Respect, accept, and always stay grounded!

Miriam Höller

13
MH
Miriam
Höller

Halte dich an Menschen, die schon da sind, wo du hinwillst

Ein Interview mit Miriam Höller

Nimm uns kurz mit in deine persönliche Geschichte: Wie hat alles angefangen? Was hat für dich den Ausschlag gegeben, dass du Speaker/Trainer/Coach geworden bist?

ICH WOLLTE IMMER SCHON ACTIONHELDIN WERDEN.

Als kleines Mädchen war ich schon sehr mutig und willensstark, keine Prinzessin, eher ein kleiner Wildfang. Mit drei Jahren habe ich mit dem klassischen Ballett begonnen und durfte über viele Jahre einige Hauptrollen vor über 1.000 Menschen in der Mülheimer Stadthalle tanzen. Doch insgeheim wollte ich Actionheldin werden, denn ich träumte davon fliegen zu können und außergewöhnliche Kräfte zu haben.

Ich hatte vor nichts im Leben Angst, außer vor dem zu Bett gehen, denn ich könnte ja etwas verpassen. Ich bin in einem kleinen Dorf am Niederrhein aufgewachsen, von dem nur einige Kilometer entfernt ein großer Freizeitpark liegt. Nach der Schule fuhr ich so oft wie möglich dorthin, um die Stuntshow mit ihren wagemutigen Darstellern und den großen Explosionen zu bestaunen. Nach meinem Realschulabschluss bewarb ich mich dort als Stuntfrau und merkte schnell, dass Rückschläge in dieser männerdominierten Branche zum Alltag gehören. Mein Ziel war klar: Ich möchte Deutschlands erfolgreichste Stuntfrau werden! Also hatte ich nur eine Aufgabe, ich musste die alteingesessenen Stuntmänner von meinem Talent, meiner Disziplin, meiner Willensstärke und meinem Durchhaltevermögen überzeugen.

DU MUSST NUR HART GENUG ARBEITEN, DANN BEKOMMST DU IRGENDWANN ALLES, WAS DU DIR VON HERZEN WÜNSCHST.

Dieser Satz ist mir sehr im Gedächtnis geblieben. Er war mein größter Ansporn und meine Motivation, an meinen Zielen festzuhalten und mich immer wieder auf meine Vision zu fokussieren. Und es hat geklappt! Nach und nach sind TV-Sender, Werbeagenturen und Filmproduktionen auf mein Alleinstellungsmerkmal aufmerksam geworden, denn ich konnte mit meinen gegensätzlichen Facetten, gefährliche Situationen ästhetisch darstellen. Über zehn Jahre lang durfte ich meinen Traumberuf leben. Meine Passion war die atemberaubende Action, das Risiko zu kalkulieren, um die Gefahr zu kontrollieren und Grenzen zu überschreiten, um meinen Horizont immer weiter zu vergrößern. In meinem Alltag bin ich vom Dach explodierender Häuser gesprungen, habe mich von Autos anfahren lassen und bin mit brennenden Flügeln über Laufstege gelaufen. Wenn man von Actionhelden spricht, denkt man selten an Frauen - doch ich war genau das! Ich liebte das Ergebnis meiner Power und meines Ehrgeizes: Meinen Erfolg. Ich stand für Kontrolle, Fokus, Mut und Verantwortung in Extremsituationen und gründete sogar mein eigenes 24-köpfiges Stunt-Team, mit dem wir bis heute Stunt-Workshops und Stunt-Shows erfolgreich umsetzen.

LEBEN BEDEUTET RISIKO!

Immer wenn wir glauben, die Kontrolle zu haben, kommt das Leben ins Spiel und belehrt uns eines Besseren. Nach über zehn unfallfreien Jahren in einem der gefährlichsten Berufe überhaupt, zertrümmerte ich mir bei einem Stunt im Juli 2016 beide Füße. Sechs Wochen später verunglückte mein langjähriger Lebensgefährte und Kunstflug-Weltmeister Hannes Arch (†48) bei einem Helikopterabsturz tödlich.

WENN DU NICHTS MEHR HAST, GIBT ES EINEN VORTEIL: DU HAST NICHTS MEHR ZU VERLIEREN.

Stell dir vor, du fühlst dich unaufhaltbar, stark, erfolgreich und erfüllt von Lebensenergie, denn privat und beruflich könntest du nicht glücklicher sein! Und dann verlierst du innerhalb von sechs Wochen alles, was du dir aufgebaut und für das du hart gekämpft hast. Wenn du dich beruflich und privat nicht mehr definieren und mit nichts mehr identifizieren kannst, wer bist du dann?

Ich saß ohne jegliche Zukunftsperspektive, vermeintlichem Identitätsverlust und Existenzängsten mit gefühlt zwei herausgerissenen Flügeln am Boden, verfluchte das Leben und erstickte fast an der Wut und meinem Selbstmitleid. In meinem Zorn erinnerte ich mich an all die wunderschönen Momente, die ich in meinem Beruf und mit meinem Lebenspartner hatte und an die Träume, die ich nicht mehr verwirklichen kann. Ein liebevolles Gefühl durchzog allerdings meinen Körper, wenn ich an das dachte, was geblieben war. Es waren die wertvollen Erinnerungen und das Vertrauen ins Leben, welches mich Hannes gelehrt hatte. Somit konzentrierte ich mich nicht auf das, was ich verloren hatte, sondern auf das, was geblieben war.

EXTREME DINGE ZU TUN, IST DIE HÖCHSTE FORM VON EIGENVERANTWORTUNG.

In meinem Beruf konnte ich es, aber im Leben? Ich dachte, die Spielregeln müssen dieselben sein und so fing ich Schritt für Schritt an, mich zurück ins Leben zurück zu kämpfen, entwickelte systematisch Strategien, um mich aus meinem beruflichen und privaten Tief wieder heraus zu kämpfen und mein neues Ich zu erfinden. Oft dachte ich: Jetzt wären Actionhelden-Kräfte toll.

DAS, WAS DU HEUTE ENTSCHEIDEST UND TUST, KREIERT DEINE ZUKUNFT UND LÄSST DEINE VERGANGENHEIT HINTER DIR.

Heute würde ich mich als Stuntfrau meines eigenen Lebens bezeichnen, die herausgefunden hat, dass die Attribute, die mich als Kind schon ausgezeichnet haben, das Fundament meines Selbstvertrauens sind. Auf diese Attribute kann man sich immer verlassen, sich mit ihnen aus jeder Krise heraus kämpfen und sich immer wieder neu erfinden.
Ich habe meine Lebensfreude wiedergefunden und kann wirklich sagen, wieder glücklich zu sein. Mein Leben heute ist nicht besser oder schlechter, es ist anders. Ich bin auf einen Schlag erwachsen geworden und lebe heute als Ex-Stuntfrau bewusster als je zuvor, da ich glaube, einen Teil der Spielregeln des Lebens verstanden zu haben. Ich weiß mein Umfeld und meine Verantwortung viel mehr zu schätzen und entscheide bedacht, in was und in wen ich meine Zeit investiere. Schließlich ist Zeit das Wertvollste, was wir im Leben haben. Besondere Lebensmomente zu sammeln, Herausforderungen als Aufgabe zu sehen und an ihnen zu wachsen, ist noch immer der Kern meines Lebens. Ich vertraue dem Le-

ben. Die Frage ist nicht, warum wir große Herausforderungen bekommen, sondern wie wir mit ihnen umgehen und was wir daraus machen.

WENN DER WILLE DIR FLÜGEL WACHSEN LÄSST!

Optimistische und mutige Menschen sind selbstbewusster, glücklicher und erfolgreicher.

MUT UND RISIKO SIND DER SCHLÜSSEL ZU ERFOLG UND LEBENSFREUDE.

Pioniere sehen in der Unsicherheit und dem Risiko Chancen zur Entwicklung und vertrauen auf ihr Wissen und Können. Es gibt viele Menschen und Unternehmen, die sich in Sicherheit wiegen, dabei ist die einzige Konstante im Leben die Veränderung. Menschen haben ständig Ausreden für ihren Misserfolg und ihr Unglück. Sie verkleinern ihren Horizont drastisch, weil sie sich auf ihre Schwächen und Ängste konzentrieren, anstatt den ungemütlichen, aber sehr wertvollen Weg der Persönlichkeitsentwicklung zu gehen. Leben bedeutet Risiko und wer mit der Unsicherheit spielt und Eigenverantwortung für sein Leben übernimmt, kann seine Zukunft aktiv gestalten. Aus all den Erfahrungen, Fehlern und Erfolgen, die ich beruflich und privat machen musste und durfte, gebe ich heute mein Wissen an die Wirtschaft und Privatmenschen weiter. Wir brauchen mehr Mut zum Risiko, wir brauchen mehr Fokus in Zeiten der Veränderung und wir brauchen mehr Verantwortung in der Gesellschaft, um nicht gegen, sondern miteinander die größte Herausforderung von allen zu meistern: Das Leben.

Kannst du dich noch an deinen ersten Kunden/Auftrag erinnern? Und falls ja, wie hast du ihn gewinnen können?

Durch meine Präsenz in der Öffentlichkeit als Stuntfrau und Moderatorin gingen auch meine Rückschläge durch die Medienwelt. Nachdem ich mich eine Zeit lang zurückgezogen und dann wieder gefangen hatte, war klar, dass ich nicht mehr in meinem Beruf arbeiten kann und möchte.
Ich rief meinen Freund Calvin Hollywood an und schnell wurde unser Gespräch tiefsinnig. Er sagte mir, dass ich Speakerin werden soll, denn mit meinem Wissen und meiner Geschichte kann ich Menschen berühren und in ihrer Entwicklung weiterbringen. Bis dahin kannte ich den Be-

ruf als Speakerin noch nicht. Das all das, was ich erfahren musste und durfte nicht umsonst sein sollte und ich mit meiner Stärke anderen helfen kann, sich aus schweren beruflichen und privaten Rückschlägen zurück zu kämpfen, motivierte mich direkt loszulegen. Innerhalb kürzester Zeit studierte ich die Branche, nahm die erfolgreichsten Speaker unter die Lupe und besuchte Seminare aller Art.
Bevor ich für meinen ersten Vortrag bezahlt wurde, suchte ich mir Bühnen, um meine Emotionen bei den doch sehr intensiven Themen kontrollieren zu können und herauszufinden, welche Aussagen den meisten Mehrwert für die Zuhörer haben. Bühne macht Bühne und so kam schnell eines zum anderen. Ich wurde gesehen und von Speakern bei ihren Kunden empfohlen - somit kamen die ersten bezahlten Aufträge rein.

Wie bist du anschließend weiter vorgegangen? Wie hast du an Reichweite und Bekanntheit gewonnen, welche Marketingstrategien hast du eingesetzt?

Um in der Branche bekannt werden zu wollen, braucht man zuallererst einen Proof of Concept. Viele möchten Speaker werden, doch nur wenige wissen, wovon sie eigentlich sprechen. Deine Expertise und deine Positionierung klar definiert zu haben, ist das Wichtigste, um authentisch und echt auftreten zu können. Speaker haben eine riesige Verantwortung und das wird oft unterschätzt. Somit muss man ständig an sich und seinem Wissen arbeiten, an seinen Aussagen und an dem Mehrwert für die Zuhörer feilen. Schließlich möchte man ihnen nicht die Zeit rauben, sondern sie mit Tools für mehr Erfolg, Power und Lebensfreude beflügeln.
Dann beginnt die Fleißarbeit. Man muss auf allen Social-Media Kanälen, mit E-Mail-Marketing, eigenen Seminaren, Podcasts, eigenen Büchern, Kooperationen, Radio, TV, Print, egal was, mit seiner Kernbotschaft sichtbar werden.
Das tue ich bis heute. Man darf die Arbeit nicht unterschätzen, es ist ein Full-Time-Job, der gerade am Anfang unglaublich anstrengend ist, denn neben der Sichtbarkeit nach Außen, laufen die Prozesse im Hintergrund non-stop. Seminare kreieren, ein Buch schreiben, ein Online-Programm veröffentlichen, das dauert Wochen bis Monate. Hier ist wirklich Durchhaltevermögen gefragt. Aber vor allem eine perfekte Vorbereitung, denn wenn man sein Momentum aufrecht erhält, bekommt man irgendwann

die eine Chance. Wenn sie dann kommt, musst du zupacken und mit Pauken und Trompeten von dir überzeugen.

Wie würdest du diesbezüglich vorgehen, wenn du heute nochmal bei null starten müsstest? Welche Strategien würdest du den Lesern empfehlen, um Reichweite und Bekanntheit aufzubauen?

Die größte Herausforderung liegt wohl in der Zusammenstellung des eigenen Teams, denn allein kann man all diese Aufgaben nicht bewältigen. Ein gutes Backoffice-Team für Anfragen, Buchhaltung, Verträge und Abrechnungen, ein Marketing-Team für die Strategien und die Sichtbarkeit und ein Team für die technische und kreative Umsetzung.
Ehrlich gesagt habe ich das alles komplett unterschätzt, da oft nicht der Beste es schafft, sondern derjenige, der gut verkaufen kann und schnell Aufmerksamkeit erzielt. Wenn derjenige dann wirklich noch außergewöhnliche Fähigkeiten und Wissen hat, ist es perfekt, aber wenn man auf der Strecke bleibt, weil man in der digitalen Welt nicht hinterher kommt, ist das sehr schade. Zum einen um das Talent und zum anderen um die Botschaft.
Um Reichweite und Bekanntheit aufzubauen, kann ich ganz klar den Tipp geben, sich ein gutes Team zusammenzustellen, möglichst viele Speaker-Events und Seminare zu besuchen, Kooperationen mit anderen Speakern und Veranstaltern einzugehen und sich an die Menschen halten, die schon da sind, wo du hin willst. Man sollte mutig sein und nach Hilfe fragen, seine Kompetenzen ununterbrochen schärfen und vor allem auf der Bühne stehen. Zeige dich!

Wie wichtig sind für dich digitale Produkte als Ergänzung in deinem Produktportfolio? Und wie schätzt du dessen zukünftige Bedeutung ein?

Ein digitales Produkt wird nie an die Wertigkeit eines Events herankommen. Die Emotionen und die Gruppendynamik bei Seminaren sind oft der ausschlaggebende Punkt der späteren Umsetzung und somit unersetzlich. Man darf aber auch die Vorteile eines Online-Produktes nicht unterschätzen.
Zum einen gibst du den Teilnehmern die Möglichkeit, eine Bindung zu dir aufzubauen, dich kennenzulernen und Informationen zu deinem Kernthema zu erhalten.

Die Konzentration und Auffassungsgabe der Teilnehmer ist hoch, da sie sich auf den Inhalt des Redners zu 100 Prozent konzentrieren und in ihrem ganz eigenen Tempo arbeiten können.
Für den Entwickler ist der Online-Kurs einmalig viel Arbeit und stellt dann ein passives Einkommen dar. Ein weiterer Vorteil ist das „in den Bann" ziehen und die Teilnehmer zu seinen Seminaren holen. Ich bin Fan von beiden Varianten, würde sogar sagen, dass es fahrlässig wäre, auf das eine oder das andere zu verzichten. Aber auch hier aufgepasst, der Nutzen des Teilnehmers muss sehr gut durchdacht sein und der Aufwand und die Kosten müssen realistisch berechnet werden, um nicht später bei nicht verkauften Tickets oder Buchungen drauf zu zahlen.

Du warst 2019 zum ersten Mal beim Erfolgskongress dabei. Welche Bedeutung haben solche Auftritte als Speaker auf externen Events für dich? Welchen Nutzen ziehst du daraus bzw. warum sollte jemand der als Speaker/Trainer/Coach erfolgreich werden will sich darum bemühen, solche Gast-Auftritte zu bekommen?

Der Erfolgskongress hat eine riesen Reichweite und das auch noch genau in der Zielgruppe, die man benötigt. Ein Gast-Auftritt ist die beste Bühne, um seine Botschaft nach außen zu tragen, um sich bekannt zu machen und von seiner Expertise zu überzeugen. Ich wurde in diesem Jahr zweimal mit dem Red Fox Award in den Kategorien „Motivation" und „All over" ausgezeichnet. Bei Anfragen von Kunden kann ich unter anderen diese Auszeichnung nennen. Es ist wichtig, in Verhandlungen gute Argumente wie Awards und wertvolle Referenzen nennen zu können. Somit kann ich Gast-Auftritte nur empfehlen, denn es könnten die Samen der Früchte sein, die man später erntet.

STEFAN
Frädrich

Komplexe Zusammenhänge verständlich, logisch und unterhaltsam machen – und dadurch etwas bewirken!

15
SF
Stefan
Frädrich

Werde unverwechselbar

Ein Interview mit Dr. Stefan Frädrich

Nimm uns kurz mit in deine persönliche Geschichte: Wie hat alles angefangen? Was hat für dich den Ausschlag gegeben, dass du Speaker/Trainer/Coach geworden bist?

Ich bin gelernter Arzt, deswegen wollte ich eigentlich immer Menschen heilen. Insbesondere die Psychiatrie war mein Lieblingsfach. Nach anderthalb klinischen Jahren hatte ich eine Art Krise, in der ich gemerkt habe, dass es gar nicht mein Ziel ist, kranke Menschen gesund zu machen. Was mich viel mehr fasziniert hat war, was gesunde Menschen noch besser macht.
Ich habe also einen kleinen Schlenker in die BWL eingelegt. Für eine kurze Zeit war ich in der Geschäftsführung eines mittelständischen Textilhandels und habe dort in meiner BWL-Ausbildung das erste Mal den Beruf des Trainers/Coaches kennengelernt. Ich wusste vorher schlichtweg gar nicht, dass es das gibt.
Ab dem Zeitpunkt, in dem ich diesen Markt bewusst wahrgenommen habe, wusste ich: Das ist mein Markt, das ist mein Beruf.

Ich bin dann auf die ersten Seminare gegangen und war mir sehr sicher, dass ich das auch machen wollte. Ich habe meinen gut dotierten Job gekündigt und bin 2002/2003 direkt als Selbstständiger im Markt gestartet.
Viele haben mir damals gesagt, dass ich bescheuert bin: Zehn Jahre hatte ich in die Medizin investiert. Danach hatte ich die Möglichkeit, in einem gut laufenden Unternehmen auf Geschäftsleitungsebene den Be-

trieb zu übernehmen. Aber ich habe gespürt, dass es nicht das war, was mich wirklich berührt und dauerhaft motiviert hat.
Wenn ich jedoch auf Seminaren war oder wenn ich Bücher zu den Themen gelesen habe, konnte ich mich endlos damit beschäftigen. Ich war wie ein Schwamm, der alles aufgesaugt hat und musste mich eher bremsen. Auch heute ist es noch so, dass ich gedanklich ständig in meiner Berufswelt unterwegs sein könnte.

Kannst du dich noch an deinen ersten Kunden/Auftrag erinnern? Und falls ja, wie hast du ihn gewinnen können?

Ja, ich kann mich erinnern. Ich habe während der Zeit, in der ich in Düsseldorf gelebt habe, eine junge Frau kennengelernt, die meine Berufswünsche kannte und mitbekam, dass ich meinen Job kündigen wollte.
Sie hat damals eine Ausbildung in der Düsseldorfer Akademie für Marketing-Kommunikation gemacht, in der sie immer wieder externe Referenten suchten. Ich meldete mich dort und sagte, dass ich Rhetorikkurse geben kann.
Tatsächlich stand ich dann als Dozent an der Marketing-Akademie für Rhetorik vor einer Gruppe von Studenten, damals für gerade mal 35 Euro die Stunde, und habe dort meinen ersten Kurs gehalten. Das war mein erster Auftrag und ich glaube, der war ganz gut.
Ich habe auch heute noch vereinzelt Kontakt zu dem ein oder anderen aus der damaligen Zeit. Daraus haben sich dann tatsächlich Folgeaufträge ergeben, nachdem die Studenten Jahre später wichtige Rollen in Unternehmen eingenommen und mich dann als Trainer gebucht hatten. Das war eine schöne Zeit.

Wie bist du anschließend weiter vorgegangen? Wie hast du an Reichweite und Bekanntheit gewonnen? Welche Marketingstrategien hast du eingesetzt?

Ich habe mich damals coachen lassen und alle möglichen Seminare besucht. Des Weiteren habe ich versucht, den Markt der Trainer und Coaches zu verstehen. Ich stand vor zwei Herausforderungen: Ich musste Aufträge gewinnen und meine Nische finden.
Da ich noch keine Kontakte hatte, musste ich mich erstmal zurechtfinden. Ich habe mich in alle möglichen Themen eingearbeitet und zu jedem ein Seminar gegeben.

Darunter waren Themen wie Verkauf, Kommunikation, Beziehungen, Flirten und Gesundheit. Anfangs habe ich viele Nichtraucherseminare gegeben. Das war eine Leidenschaft von mir, weil ich kurz zuvor Nichtraucher geworden war.
Mit meinen Freunden Thilo Baum und Ingo Buck habe ich dann ein eigenes Seminar entwickelt: Nichtraucher in fünf Stunden. Diese Seminare werden auch heute noch von mehreren Trainern deutschlandweit gegeben. Es war eine ziemlich bunte Zeit, in der ich mich erstmal in alle mögliche Trainingsthemen eingearbeitet habe.

Glücklicherweise habe ich während eines Positionierungscoachings verstanden, wie wichtig es ist, dass man etwas Unverwechselbares macht. Dass man eine Marke kreiert, die einer persönlichen Nische entspricht, sodass man sich von anderen unterscheidet.
In einem Zeitraum von zwei Jahren, ist dann "Günter, der innere Schweinehund" meine eigentliche Positionierung geworden, wozu ich ein gleichnamiges Buch geschrieben habe.

Für mich war das Buch "Günter, der innere Schweinehund: ein tierisches Motivationsbuch" der Durchbruch in diesem Markt. Ich habe es so konzipiert, dass es eine Mischung aus Comic und einer Art Selbsthilfe Kinderbuch für Erwachsene war. Anfangs habe ich allerdings keinen Verlag gefunden, der mit mir zusammenarbeiten wollte.
Ich habe dann zusammen mit Timo Würz daran gearbeitet, der die Illustrationen zu diesem Buch anfertigte. Als das Buch soweit fertig war, sind wir auf Verlagsakquise gegangen und haben 35 Absagen erhalten. Also entschloss ich mich dazu, das Buch im Eigenverlag zu drucken und bei Seminaren zu verteilen.
In den Seminaren habe ich immer gute Resonanz für das Buch bekommen, sodass ich mich auf der Frankfurter Buchmesse mit einem kleinen Stand angemeldet habe, um auch dort festzustellen, dass der Buchmarkt nicht auf mich gewartet hat.
Der eigentliche Durchbruch war dann die Erkenntnis, dass ich mit dem fertig gedruckten Buch eine Art Kaltakquise auf der Buchmesse machen musste. Schließlich waren da alle Experten direkt vor Ort.
Ich bin vier Tage über die Buchmesse gegangen, habe Stand für Stand abgeklappert und versucht, einen Verlag für mein Buch zu finden. Am Ende wurde es der Gabal-Verlag, der das Buch ein Jahr später in sein Programm aufgenommen hatte.

Das Konzept des inneren Schweinehundes kam bei den Lesern so gut an, dass es den Rekord der meisten Buchverkäufe des Gabal-Verlages gebrochen hat.
Auf den Erfolg hin wurde ich mit einem, innerhalb der Branche sehr renommierten, Trainer-Verlag bekannt gemacht - ein großer Glücksfall.

In den nächsten Jahren habe ich pro Jahr zwei neue Günter-Bücher zu jeweils unterschiedlichen Themen geschrieben. Günter lernt Flirten, Günter wird schlank, Günter macht Sport, Günter geht ins Büro, Günter wird Chef oder Günter wird Kommunikationsprofi. Alle zu Themen, die ich sowieso bei Trainings behandelt hatte.
Es half mir, meine Gedanken zu strukturieren, mir ein Repertoire über verschiedene Themen aufzubauen und die eigene Marketing-Positionierung voranzutreiben.

Auch bei den Nichtraucher-Seminaren haben wir an einer Marketing-Positionierung gearbeitet, wodurch erste Fernsehauftritte hinzukamen. Das Fernsehen hat bei mir in den ersten Jahren sehr gut funktioniert.
Zum einen durch "Nichtraucher in fünf Stunden", das mir etliche TV-Auftritte beschert hat. Zum anderen konnte ich durch eines der Bücher einen Kontakt zu einer Produktionsfirma herstellen, die Prime Time Sendungen für den WDR macht.
Da wurde ich Fernsehcoach bei Live-Coaching-Sendungen. Zuerst im WDR, dann bei ProSieben und Sat1. Letztlich kann ich sagen, dass ich anderthalb Jahre hauptberuflich Fernsehen gemacht habe.

Das war in der damaligen Zeit ideal, um meine Präsenz in diesem Markt zu erhöhen. Mittlerweile ist das aber schon ein Jahrzehnt her. Die damaligen Mechanismen würde man in der heutigen Zeit gar nicht mehr anwenden. Heute ist online viel wichtiger. Als ich aus den Fernsehformaten ausgestiegen bin, konzentrierte ich mich komplett auf meine Keynote Karriere.
Bei meinen Überlegungen, wie ich das Ganze auf das nächste Level heben kann, kam im Jahr 2012 GEDANKENtanken dazu.

Wie würdest du diesbezüglich vorgehen, wenn du heute nochmal bei null starten müsstest? Welche Strategien würdest du den Lesern empfehlen, um Reichweite und Bekanntheit aufzubauen?

Ich würde heute immer noch sagen, dass die Positionierung ganz wichtig ist.
Wer ist deine Zielgruppe? Was unterscheidet dich von anderen? Welche Probleme löst du und in welchem Markt wirst du tätig sein? Eine präzise Formulierung ist hier unerlässlich. Im Gegensatz zu damals, würde ich es von vornherein viel persönlichkeitsspezifischer aufziehen. Ich würde mir viel mehr Gedanken darüber machen, wer ich bin, was meine Werte, meine Stärken und meine Interessen sind.
In der Anfangszeit habe ich zu viele Aufträge und zu viel Zeit mit Themen verplempert, die mich letztlich nicht interessiert und die mir auch keinerlei Energie gegeben haben.
Mittlerweile gehe ich bei Coachings immer so vor, dass ich die folgenden drei Schritte anspreche:
Erster Schritt: Was ist der Sinn dessen, was du tust oder auch der Sinn deines Lebens, deiner Existenz? Wozu bist du auf dieser Welt? Das muss ganz klar sein.
Zweiter Schritt: Was kannst du besonders gut? Was folgt aus diesem Sinn? Was könntest du von morgens bis abends machen, ohne dass dir die Energie ausgeht? Man merkt, dass jeder Mensch bestimmte Bereiche hat, in denen er seine Stärken ausleben kann und wo seine Augen anfangen zu leuchten.
Dritter Schritt: Welche Ziele kannst du in diesem Bereich verfolgen? Da sind wir wieder beim Thema Positionierung. Jetzt kannst du deine Stärken mit einem entsprechenden Businessmodell abgleichen. Bei GEDANKENtanken haben wir mittlerweile ein sehr intensives Positionierungscoaching, um unseren Kunden, die häufig Selbstständige oder Unternehmern sind, bei diesem Prozess anzuleiten.

Ich würde heute durchaus strategischer vorgehen als früher. Wenngleich ich weiß, dass es ein Teil meiner Persönlichkeit ist, dass ich gerne Dinge ausprobiere, dass ich Dinge fühlen und erstmal erfahren muss, bevor ich mir ein Urteil bilde.
Im Nachhinein würde ich sagen, dass alles für mich zum jeweiligen Kenntnisstand ganz schlüssig war. Mit heutigem Wissen würde ich aber durchaus einige Abkürzungen gehen.

Wie wichtig sind für dich digitale Produkte als Ergänzung zu deinem Produktportfolio? Wie schätzt du dessen zukünftige Bedeutung ein?

Die digitalen Produkte bilden mittlerweile den Hauptteil des Produktportfolios bei GEDANKENtanken. Wir überlegen bei allem, wie wir es schaffen, eine dauerhafte Transformation bei unseren Kunden zu bewirken. Wie wir es schaffen, einen Mehrwert zu bieten.
Es ist einfach Quatsch zu sagen, dass man nur eine Keynote vor Leuten halten muss und schon verändert man deren Leben. Oder dass ein bis zwei Seminartage ausreichen, um deren Leben zu verändern. Ich glaube Nachhaltigkeit entsteht dann, wenn du Menschen über einen gewissen Zeitraum hinweg mit sinnvollen Inhalten begleitest. Wenn du mit ihnen gemeinsam durch einen Transformationsprozess gehst. Das ist, was wir bei GEDANKENtanken machen.
Wir produzieren Videos, die wir bei Youtube hochladen und sind, meines Wissens, der derzeit größte deutschsprachige Speaking-Kanal. Dort stoßen die Menschen auf uns und lassen sich inspirieren.
Anschließend geht es über unendlich viele Webinare weiter, bei denen die Menschen tiefer in Themen eintauchen. Danach folgen jede Menge Online-Produkte, die im Studio mit Profi-Content gedreht werden. Diese Themen beinhalten dann auch die persönliche Betreuung, sodass wir für die Online-Kurs-Teilnehmer auch Präsenzseminare veranstalten. Das Digitale ist aber ganz klar das Rückgrat unserer Geschäftsmodelle.

Kein anderer Speaker war so häufig als Referent auf unseren Events wie du. Welche Bedeutung haben solche Auftritte auf externen Events für dich? Welchen Nutzen ziehst du daraus? Warum sollte jemand, der als Speaker oder Trainer erfolgreich werden will, sich darum bemühen, solche Gastauftritte zu bekommen?

Es gibt auf dem Speaking-Markt einen einfachen Grundsatz: Bühne schafft Bühne. Wenn du dich und deine Performance draußen zeigst und den Leuten wirklich was vermittelst, dann wirst du in der Regel als Experte wahrgenommen. Du wirst von Menschen gesehen und dann zu weiteren Vorträgen eingeladen.
Aber Vorsicht! Es ist ein sehr kleiner Markt, in dem die Speaker wirklich davon leben können. Du bekommst nicht ein- oder zweimal im Jahr einen Auftrag, mit dem du dann reich wirst. Es ist ein ganz spezieller Job, den man erlernen muss.

Das ist eine Art Handwerk, beziehungsweise eher ein Mundwerk. Die Bühne ist ein Marketinginstrument und immer auch ein Kompetenz-Beweis.

Letztlich ist all das, was sich Trainer, Coaches, Consultants und Berater ausdenken, graue Theorie. Erst auf einer Bühne spürst du, ob du dich mit deinem Publikum vernetzt. Ob du sie erreichst oder nicht.
Ich habe über die Jahre hinweg so viele Theoretiker kennengelernt, die glauben, dass sie gut in ihrer Performance sind. Sie glauben, dass sie die Bedürfnisse des Publikums treffen, tun es im Endeffekt aber nicht.
Gastauftritte sind einfach unglaublich wichtig. Wenn du dein Gesicht bei bestimmten Events zeigst, dann wirst du bekannter.
Experten oder Trainer, die schon länger in dem Business unterwegs sind, verweigern sich teilweise immer noch solchen Auftritten, weil sie meinen, dass sie voll bezahlt werden müssen, sobald sie den Mund aufmachen. Das ist natürlich für die Veranstalter in der Regel nicht machbar.
Ich plädiere dafür, großzügig seine Präsenz der Welt zu schenken. Erst dadurch, dass die Welt überhaupt weiß, dass es dich gibt, schaffst du das Bedürfnis, dich zu buchen oder sich für dein Angebot zu interessieren.

Du bist Teil unserer exklusiven One Idea Mastermind, einem geschlossenen Kreis von erfolgreichen Unternehmern. Welchen Stellenwert hat für dich der Austausch mit der Gruppe? Sollte sich jemand, der im Business weiter wachsen will, auch persönlich mit anderen vernetzen und austauschen?

Es ist definitiv so, dass nur der Austausch mit Leuten, die auf Augenhöhe oder vielleicht sogar ein bisschen besser sind als man selber, einen weiterbringt.
Ich habe über die Jahre viele Kollegen kennengelernt, die in ihrer Entwicklung stehen geblieben sind. Vielleicht, weil es ihr Ego zu sehr gestreichelt hat, dass andere Leute ihnen ständig zuhören und sich deswegen nicht mehr mit Leuten umgeben haben, mit denen sie sich wirklich austauschen können.
Mir ist es aber sehr wichtig, anderen Leuten zuzuhören. Weiterbildung ist für mich generell einer der höchsten persönlichen Werte. In einer Woche höre ich zwei Hörbücher und ich habe diverse Podcasts abonniert. Ich bin ständig auf Seminaren und auf Vorträgen. Auch bei GEDANKENtan-

ken komme ich nicht umhin, mir ständig neuen Input einzuholen. Ich möchte gar nicht darüber nachdenken, wo ich oder wo wir bei GEDANKENtanken in der heutigen Entwicklung stünden, wenn nicht alle so ein Weiterbildungsmindset hätten.
Man neigt dazu, nur in seinem eigenen Teich zu fischen. Aber das ist Quatsch.
Leute, die erfolgreich in ihrem Business sind, interessieren sich für viele Disziplinen. Als Trainer kann ich nicht sagen, dass mich nur das Training interessiert. Ich muss ebenfalls über Kenntnisse zum Thema Positionierung, IT und Unternehmensaufbau verfügen. Ich muss wissen, wie Finanzierungsaufbau funktioniert und wie man mit Geld umgeht.
Dies sind tausende von Themen. Das ist wie im Zehnkampf zu bestehen. Wenn du dich nur auf deine Disziplin konzentrierst, wirst du nicht weit kommen.
Deswegen habe ich mich von Anfang an mit Leuten vernetzt, die wirklich guten Input liefern können. Menschen, die mich persönlich in meiner Entwicklung weiterbringen und mit denen ich gerne mein Wissen teile. Je hochklassiger, je niveauvoller solche Treffen wie die Masterminds sind, desto mehr lerne ich dazu.
Mittlerweile bin ich da sehr wählerisch geworden und habe mich in den Jahren eher vom Trainer zum Unternehmer entwickelt. Meine Fragen sind heute ganz andere als noch vor fünf oder zehn Jahren. Damals ging es um inhaltliche Trainingsfragen, heute geht es um das Thema Unternehmensführung, was ich als sehr wichtig erachte.

Einige Menschen sind sich unsicher, ob sie sich als Trainer, Speaker oder Coach selbst verwirklichen sollen. Haben vielleicht Ängste und Hemmungen. Welche Tipps kannst du diesen Menschen mitgeben, welche sie bei der Entscheidungsfindung mit berücksichtigen sollen?

Ich muss gestehen, dass ich bei dieser Frage ein bisschen zwiegespalten bin. Einerseits weiß ich, dass es ein großartiger Beruf ist, andererseits bin ich der Meinung, dass es sehr viele in diesen Markt drängt, die es letztlich nicht schaffen werden, davon erfolgreich zu leben.
Ich liebe diesen Beruf wirklich, ich brenne dafür und habe von Anfang an unheimlich viele Ambitionen gehabt. Ich finde es aber schwierig zu sagen: Geiler Job, super Thema. Jetzt werde mal Trainer, Speaker, Coach oder Consultant und das wird schon. Da wirst du groß.

Also erstmal geht das statistisch schon nicht. Es wird nicht lauter große Redner, Trainer und Coaches geben. Es sei denn, wir schaffen es, den Markt zu vergrößern, woran wir bei GEDANKENtanken sowieso arbeiten. Für mich sind zwei andere Punkte ganz wichtig. Der erste ist, dass du wirklich wissen musst, wofür du stehst und du musst ein Thema finden, für das du so brennst, dass du quasi gar nicht anders kannst, als in diesem Bereich weiter zu machen.
Also, wie tickst du? Was kommt sowieso aus dir heraus? Das ist eine Frage des inneren Anliegens. Die wirklich Erfolgreichen haben alle ein inneres Anliegen.
Es ist keine theoretische Überlegung, eine Marktlücke zu suchen und in diese einzusteigen, weil man da mal irgendwas zu gelernt hat. Das sind alles hohle Geschichten und man spürt als Trainingsteilnehmer und Zuschauer, ob ein Referent, Trainer, Coach oder Dozent wirklich für sein Thema brennt. Man muss in diesem Bereich seine Berufung finden und dann kann man sehr erfolgreich werden.
Als zweites muss man bereit sein, sich komplett diesem Thema hinzugeben. Ich kenne keinen einzigen Erfolgreichen, der nicht ohne Ende fleißig gewesen wäre. Der nicht unheimlich viele Stunden, Tage, Wochen, Monate, Jahre in sein Thema investiert hätte. Du musst bereit sein, ständig die Extrameile zu gehen. Du musst bereit sein, tierisch viel Gas zu geben und, im Idealfall, mehr Gas zu geben als die anderen.
Ich glaube ganz klar, dass dieser Beruf ein ganz großartiger ist. Ich würde diesen Weg jederzeit wieder einschlagen. Ich bin mir aber auch bewusst, dass meine spezielle Konstellation aus einem inneren Anliegen und einem solchen Antrieb nicht besonders häufig ist.
Deswegen legen wir bei unserer Business-Factory bei GEDANKENtanken sehr viel Wert darauf, dass wir Schritt für Schritt von der Persönlichkeitsentwicklung in die Positionierung gehen. Dass wir ganz genaue Anleitungen geben und keine Luftschlösser bauen, sondern Menschen praktisch vermitteln, wie sie selber ihren Weg gehen können, um beruflich als Trainer, Coach, Consultant oder Speaker erfolgreich zu sein.

Woher nimmst du das Selbstvertrauen, dass du genug weißt, um andere davon lernen zu lassen?

Man muss zwischen Selbstvertrauen und Arroganz unterscheiden. Arrogant sind diejenigen, die behaupten, was zu können, ohne es in der Praxis bewiesen zu haben. Ich glaube, dass Arroganz eine richtig fiese

Geschichte ist, die man auf keinen Fall mit Selbstvertrauen verwechseln sollte.
Für Arroganz musst du nichts leisten. Selbstbewusstsein oder Selbstvertrauen, das musst du dir erarbeiten. Viele, die selbstbewusst auftreten, sind in Wirklichkeit arrogant. Sie behaupten, die Besten zu sein, haben aber keinen Realitätscheck gemacht. Sie kommen dann auf den Markt, machen den Mund auf und spüren, dass die Leute ihnen das nicht abnehmen. Wenn sie sich dumm anstellen, dann steht ihnen ihr Ego im Weg und sie bemerken es nicht.
Das sind diese Lautsprecher, Luftpumpen und Schwätzer, die wir alle kennen. Die gibt es im Markt. Mit genügend Marketing kann man sich da tatsächlich aufblasen und in gewisser Weise erfolgreich werden.
Wahrscheinlich kennen wir aber alle den ein oder anderen, bei dem man den Eindruck hat, dass er nach außen als Marke inszeniert ist, dahinter aber nichts als heiße Luft ist.
Selbstvertrauen ist eine Frage von tatsächlichen, praktischen Erfahrungen. Hast du in dem Bereich deiner Expertise wirklich Erfahrungen vorzuweisen? Kennst du dich damit aus?
So leid es mir tut, aber da gibt es keine Abkürzungen. Es geht darum, dass du deine Erfahrungen machst. Dass du in deinem Bereich etwas geleistet und Ergebnisse erzielt hast.
Ich halte nichts davon, wenn man Menschen mit Affirmationen aufpumpt, wie: Ich bin gut, ich schaffe das und ich bin toll! Dahinter steckt nichts als heiße Luft.
Wenn du dich fragst, woher du das Selbstvertrauen nehmen sollst, dann weißt du vielleicht noch nicht genug. Dann musst du vielleicht noch fünf oder zehn Jahre lernen, bis du andere daran teilhaben lassen kannst. Wenn es nicht dein Thema ist, dann halt den Mund und mache einen anderen Job.

Wenn du selbst auf deine eigene Karriere zurückblickst, was würdest du heute im Nachhinein anders machen? Zum Beispiel früher einen Mentor oder Coach suchen, mit anderen Coaches in Verbindung treten oder Netzwerk-Marketing betreiben.

Ich würde früher auf Positionierungsthemen gehen. Das ist leicht gesagt mit dem heutigen Wissen, aber ich wäre 2006 schon auf YouTube aufgesprungen. Ich hätte früher Online-Marketing gemacht.

Letztlich sind es technische Dinge. Ich glaube, dass sich im Laufe meines Weges alles so ergeben hat, wie es sein soll.
In meiner heutigen Geschichte ist das alles schlüssig und ich würde mich zu den jeweiligen Zeitpunkten wahrscheinlich genauso wieder entscheiden. Ich glaube im Großen und Ganzen war alles gut so.

Fehler sind menschlich und passieren. Jeder noch so erfolgreiche Mensch erleidet gelegentlich Rückschläge. Nimm uns mit in deine Welt. Was ist in deiner Karriere schon einmal richtig falsch gelaufen?

Um Himmels Willen, was für eine Frage. Es laufen ständig Dinge falsch. Jeder Mensch, der handelt, macht oft Fehler.
Ich habe schon alles Mögliche falsch gemacht. Ich habe wahrscheinlich hunderttausende Euro in die falschen Produkte investiert. Ich habe etliche Bücher geschrieben, die ich nicht hätte schreiben müssen, weil sie mich von anderen Themen abgelenkt haben.
Aber sie haben sich zum damaligen Zeitpunkt eben richtig angefühlt und wahrscheinlich waren sie ein Teil meiner Entwicklung. Ich bin mit Seminarteilnehmern falsch umgegangen und habe die falschen Kunden zu lange betreut. Ich habe die falschen Mitarbeiter eingestellt und die falschen Mitarbeiter gehen lassen. Ich habe so vieles falsch gemacht, dass es mir schwer fällt, da jetzt drei Dinge raus zu picken.
Aber ich glaube, darum geht es gar nicht. Ich glaube, wer bereit ist, sich auf seinen Weg zu begeben und aus Fehlern zu lernen, der sammelt Erfahrungen. Diese Erfahrungen bringen einen im Leben weiter. Jetzt im Nachhinein den Fokus auf Fehler zu legen, wäre völlig Quatsch. Ich würde mir Sorgen machen, wenn Leute überhaupt nicht in Schwung kommen, nur um Fehler zu vermeiden. Fehler wird es immer geben. Aber es wird auch immer Erfolge geben. Die Opportunitätskosten, Dinge überhaupt nicht zu machen, sind in der Regel viel höher, als der Schaden, der durch Fehler entsteht.

DIRK Kreuter

Es gibt zwei Arten von Menschen, die die rausgehen und sich holen, was sie haben wollen und all die anderen!

3

DK

Dirk
Kreuter

Online-Marketing, Affiliate-Marketing und Social-Media-Marketing in Verbindung mit meinem Programm und meiner Qualität haben mich zu dem gemacht, der ich heute bin

Ein Interview mit Dirk Kreuter

Erzähl uns kurz von deiner persönlichen Geschichte. Wie hat das alles angefangen? Was hat für dich den Ausschlag gegeben, dass du Speaker/Trainer/Coach geworden bist?

Das war nicht wirklich geplant. Anfang der neunziger Jahre war ich Handelsvertreter für Sportartikel und hatte hochpreisige und erklärungsbedürftige Produkte, die ich an den Einzelhandel und an Warenhauskonzerne verkauft habe.
Die Produkte haben sich nicht allein vom Handel an den Endkunden verkauft, das heißt, ich habe immer wieder Produktschulungen gegeben. Das war damals schon eine Art Verkaufstraining für die Verkäufer in Sachen Einwandbehandlung, Bedarfsermittlung, Preisargumentation und so weiter. Danach haben sich die Produkte hervorragend abverkauft und ich habe über die Nachbestellungen gutes Geld verdient.
Irgendwann haben mich meine Kunden gefragt, ob ich das auch für andere Produkte machen könnte und so sind meine ersten Seminare entstanden. Ich habe mehrere Trainerausbildungen und Fachqualifizierungen gemacht und bin jetzt seit über 29 Jahren in diesem Business tätig.

Kannst du dich noch an deinen ersten Kundenauftrag erinnern? Wenn ja, wie hast du ihn gewinnen können?

Mein erster Auftraggeber für Trainings war die Industrie- und Handelskammer in Neuss. Mein erstes Seminar, was nichts mit meinem Business als Handelsvertreter zu tun hatte, war "Erfolgreiche Existenzgründung als Handelsvertreter" mit sieben Teilnehmern. Ich bin an den Auftrag gekommen, indem ich mir fünf verschiedene Seminarthemen überlegt hatte, die so bisher in den Programmen der Weiterbildungskataloge der Industrie- und Handelskammern noch nicht aufgeführt waren und habe diese 80 IHKs in ganz Deutschland angeboten. Darauf haben sich einige von ihnen bei mir gemeldet und direkt meine angebotenen Seminare gebucht.

Wie bist du anschließend weiter vorgegangen? Wie hast du an Reichweite und Bekanntheit gewonnen? Welche Marketingstrategien hast du eingesetzt?

Am Anfang war ich als Inhouse-Trainer unterwegs, das heißt, dass mich meistens Unternehmen oder Organisationen für Coachings, Seminare, Beratungen und Vorträge gebucht haben.
Mein wichtigstes Instrument war in der ersten Zeit die Telefonakquise. Ich habe jeden Samstag die großen Tageszeitungen mit den umfangreichen Stellenangeboten gekauft. Überall, wo Verkäufer gesucht wurden, habe ich angerufen und versucht, meine Dienstleistung zu verkaufen. Später habe ich das über Online-Börsen, wie Stepstone und Co. gemacht.
Ab 1997 kam das Internet dazu. Ich war einer der ersten Verkaufstrainer mit einer aussagekräftigen Internetseite mit der Domain Verkaufstrainer.de. Über das Internet habe ich durchschnittlich eine qualifizierte Anfrage pro Tag erhalten.
Vor drei Jahren habe ich mein Geschäftsmodell geändert, seitdem biete ich keine Inhouse-Trainings mehr an, sondern nur noch offene Seminare. Diese sind skalierbar und in offene Seminare kommen nur Teilnehmer, die es wirklich wollen. Bei Inhouse-Seminaren habe ich Geld bekommen, das manchmal einem Honorar und manchmal Schmerzensgeld gleich kam, weil darunter Teilnehmer waren, die gar nicht lernen wollten. Das ist heute anders.
Vor drei Jahren habe ich gezielt mit dem Online-Marketing begonnen. Meine Reichweite und meine Bekanntheit habe ich durch sehr viel gratis Content über YouTube, meinen Podcast, Facebook, Instagram und andere Social-Media-Kanälen erweitert. Darüber hinaus gab es ständig Launches sowie ein sechsstelliges Budget im Monat für Werbung im Online-Marketing.

Wie würdest du diesbezüglich vorgehen, wenn du heute nochmal bei null beginnen müsstest? Welche Strategien würdest du dem Leser empfehlen, um seine Reichweite und Bekanntheit aufzubauen?

Die Frage ist zweiteilig: Was würde ich tun und was würde ich anderen raten.
Ich würde Affiliate-Marketing mit fremden Produkten machen, um erstmal Geld zu verdienen und parallel würde ich meine eigenen digitalen Produkte entwickeln und ebenfalls verkaufen. Ich würde keine offenen Seminare anbieten, weil sie die Königsdisziplin sind. Denn egal wie gut du als Redner oder Trainer bist, es geht nicht darum wie gut deine Qualität ist. Es geht darum, ob du in der Lage bist, genügend Anmeldungen zu bekommen. Das ist das Wichtigste, die Qualität ist sekundär. Das soll nicht heißen, dass meine Qualität schlecht ist, im Gegenteil, die ist sehr gut. Nur Qualität allein füllt kein Seminar.
Zudem sind Kooperationen mit anderen Seminaranbietern wichtig. Über diese Kooperationen füllt man die Seminare der Seminaranbieter und baut damit einen eigenen Kundenstamm auf. Dabei ist es von Anfang an wichtig, Leads zu generieren, E-Mail-Adressen bei allen Interessenten zu sammeln und ganz schnell eine lange, eigene Liste aufzubauen. Später würde ich dasselbe machen wie heute. Ich würde eigene Seminare mit Online-Marketing als Schwerpunkt anbieten.

Zum zweiten Teil der Frage: Was ich anderen raten würde, um Reichweite und Bekanntheit aufzubauen. Als erstes solltest du dich positionieren und klar machen, wofür du stehst und wofür nicht. Je klarer deine Positionierung ist, desto weniger musst du ins Marketing investieren.
Zweitens brauchst du eine sehr gute Qualität. Je besser die Qualität, desto weniger musst du auch hier ins Marketing investieren. Mache dir klar, wer deine Zielgruppe ist und wo sich diese aufhält. Ist deine Zielgruppe 40 oder älter, überdurchschnittlich gebildet und hat ein überdurchschnittliches Einkommen, dann brauchst du einen Podcast, um diese zu erreichen. Außerdem brauchst du ein Sachbuch in einem renommierten Verlag, um Reputation aufzubauen.
Ist deine Zielgruppe jünger, kannst du YouTube, Instagram und Facebook nutzen. Entscheidend ist, dass du Vollgas gibst. Reichweite und Bekanntheit aufzubauen ist ein Marathon. Wenn du jetzt nicht schon richtig gut und ein wenig bekannt bist, dauert es Jahre, bis du wirklich sichtbar bist, aber es wird sich lohnen.

Wie wichtig sind für dich digitale Produkte als Ergänzung zu deinem Produktportfolio und wie schätzt du dessen Zukunft ein?

Mittlerweile ist unser Umsatzanteil durch den Online-Auftritt bei 50 Prozent angekommen, obwohl wir immer noch eine Offline-Company sind. **Digitale Produkte sind schnell zu produzieren, hervorragend zu skalieren und es gibt keine Preisreferenz-Rahmen.** Ein Buch kostet zwischen 10, 20 und 40 Euro, ein Buch für 300 Euro würde nicht mehr gekauft werden, weil die Menschen einen Preisanker im Kopf haben. Das gilt nicht für digitale Produkte. Unser teuerstes digitales Produkt liegt bei 4.000 Euro und das Günstigste bei einem Euro.
Zukünftig werden digitale Produkte einen höheren Stellenwert haben, denn wir sind immer noch am Anfang. Die meisten gehen erst in eine Buchhandlung und suchen sich ein Fachbuch, wenn sie ein Problem lösen wollen oder sie googeln und schauen bei YouTube. Zukünftig wird es dahin gehen, dass nach Online-Kursen und digitalen Produkten gesucht wird, um eine Antwort auf die aktuelle Herausforderung zu bekommen.

Du warst mehrfach als Referent auf unseren Events. Welche Bedeutung haben solche Auftritte als Speaker auf externen Events für dich? Welchen Nutzen ziehst du daraus, bzw. warum sollte jemand, der Speaker/Trainer/Coach werden will, sich bemühen, solche Gastauftritte zu bekommen?

Ja, ich war schon mehrmals dabei und es macht immer viel Spaß. Bei euch sind immer tolle Leute dabei. Heute ist es für mich eher Markenbildung. Wenn ich abfrage: Wer war schon einmal bei meinem Seminar? Gehen bei eurem Publikum über 50 Prozent der Hände hoch. Das bedeutet, wer auf euren Veranstaltungen ist, kennt mich meistens schon.
Es geht jetzt nur darum, warum sie noch mehr Seminare oder digitale Produkte bei mir kaufen sollen. Das ist für mich Markenbildung, um den Bekanntheitsgrad noch weiter zu erhöhen. **Ein Speaker/Trainer/Coach muss sich, gerade wenn er am Anfang steht, zeigen und er braucht Praxis.** Deswegen ist es unglaublich wichtig, jede Gelegenheit zu nutzen, vor Publikum zu reden und sich bekannter zu machen. Man wird ein guter Redner, indem man viele Vorträge hält.

An anderer Stelle hattest du die Contra mal als Breakthrough-Moment und Aha-Erlebnis beschrieben. Wie meintest du das und wie hat die Contra dazu beigetragen?

2015 war ich das erste Mal dabei. Es war mein erster Kontakt mit der Online-Welt. Die Teilnehmer haben ganz anders gedacht, in viel größeren Dimensionen. Für mich war das eine ganz neue Welt und es war mein Game-Changer. Online-Marketing, Affiliate-Marketing und Social-Media-Marketing in Verbindung mit meinem Programm und meiner Qualität haben mich zu dem gemacht, der ich heute bin.
Ich kann jedem nur raten, sowohl als Teilnehmer als auch als Referent bei der Contra dabei zu sein. Die Contra ist für mich jedes Jahr ein Pflichttermin. Ich pflege dort mein Netzwerk und knüpfe neue Kontakte. Ich nehme mein Team mit, weil ich oft keine Zeit habe, die Vorträge zu besuchen. Aber mein Team schreibt die wichtigsten Informationen mit und im abschließenden Teammeeting machen wir dann eine To-Do-Liste und klären, wer was umsetzt.

Wenn du als Speaker für ein Event eingeladen wirst, welches für deine Verhältnisse sehr viele Teilnehmer hat, wärst du theoretisch bereit für einen solchen Auftritt Geld zu bezahlen, anstatt Geld zu erhalten? Und warum?

Das ist ein Geschäftsmodell, was die letzten Jahre immer häufiger aufgetaucht ist. Eventveranstalter lassen sich nicht nur über den Ticketverkauf, über Sponsoren, sondern auch über Referenten ihre Veranstaltung finanzieren. Wenn es funktioniert, ist das gut. Der Markt entscheidet.
Ich habe in der Vergangenheit auch schon dafür bezahlt, dass ich auf Events als Redner auftreten kann. Das ist bis jetzt dreimal geschehen und jedes Mal hat es sich wirklich gelohnt. Ich habe mit Trainer-Kollegen heftige Diskussionen gehabt, die mir erklären wollten, dass sie für die Ausübung ihres Berufes nicht noch extra zahlen wollen. Ich kann diese Argumentation nachvollziehen, insbesondere wenn dahinter keine Wertschöpfungskette steckt.
Doch wenn ich 20.000 Euro für einen Auftritt zahle und dort sitzen mehrere tausend Menschen, die genau in meine Zielgruppe passen und für die ich genau das passende Angebot habe, dann ist das eine Investition. Das sind für mich dann keine Kosten.

Ich habe aus solchen Veranstaltungen regelmäßig fünf bis sechsstellige Umsätze generieren können. Für mich hat sich das immer gelohnt. Viele Kollegen laufen hier in eine Denkfalle und das Ego steht ihnen im Weg. Die Frage ist immer: Was ist dein Ziel? Wo willst du hin und wie lautet dein Geschäftsmodell?

Du hast in der Vergangenheit schon mehrere Awards und Auszeichnungen gewonnen, unter anderem den Tiger Award. Welche Bedeutungen haben Awards hinsichtlich Reputation, Branding und Positionierung für dich?

Speaker, Trainer und Coaches versprechen eine Leistung. Der Kunde kauft aber die Katze im Sack, er weiß nicht, was er bekommt. Auf den Webseiten der Anbieter stehen alle möglichen Heldengeschichten und der Kunde fragt sich, ob das vertrauenswürdig und sein Geld wert ist.
Auszeichnungen und Awards geben dem Kunden die Antwort darauf. Ich habe mehrere Dutzend Auszeichnungen bekommen und die nutze ich nicht für mein eigenes Ego, sondern für mein Marketing. **Auszeichnungen erfüllen den Zweck, Vertrauen zu Kunden aufzubauen, die deine Leistung noch nicht kennen und deswegen sind diese sogenannten Zeugen unfassbar wichtig.**
Das gilt nicht nur für die Speaker-Branche, das gilt für jedes Produkt und jede Dienstleistung. Ein Unternehmen das neue Mitarbeiter sucht, besorgt sich die Auszeichnung zum besten Arbeitgeber. Unternehmen die Produkte verkaufen wollen, besorgen sich ein "sehr gut" der Stiftung Warentest und so weiter. Kunden orientieren sich an der Meinung von Experten.

Du bist Teil der exklusiven One Idea Mastermind, einem geschlossenen Kreis von erfolgreichen Unternehmern. Welchen Stellenwert hat für dich der Austausch in Gruppen? Sollte sich jemand, der im Business weiter wachsen will, auch persönlich mit anderen vernetzen und austauschen?

Ich hätte meinen Erfolg schon viel schneller erreichen können. Ich habe, über Jahre hinweg, einen großen Fehler gemacht. Ich habe mich immer wieder mit anderen Kollegen aus meiner Branche ausgetauscht, weil ich schon immer gut in der Trainer-Branche vernetzt war. Ich war jedes Jahr

10 bis 20 Tage in Verbänden, Vereinen und Clubs für Networking und Weiterbildungen aktiv.
Aber erst als ich 2015 die Contra und die One Idea Mastermind entdeckt habe, konnte ich sehen, was für einen fatalen Fehler ich begangen habe, indem ich immer nur in der eigenen Suppe gelöffelt habe. Wie sollen da neue Ideen kommen?
Warum war Steve Jobs so erfolgreich? Kaum jemand wurde so analysiert wie er. Eine Erkenntnis aus diesen Analysen ist, dass Steve Jobs immer mehrere Netzwerkquellen hatte, wie die Film- und Musikindustrie. Er hat immer wieder andere Ideen bekommen, sonst würde Apple heute immer noch Computer herstellen und hätte den Trend mit iTunes, dem Musik- und Filmbusiness, dem iPhone und der Apple Watch völlig verschlafen.
Genauso war es bei mir: Die One Idea Mastermind und die Contra haben mir die Augen geöffnet. Mittlerweile habe ich jegliche Kontakte zu Organisationen in meinem Kernberuf abgebrochen. Denn bei allem Respekt, die orientieren sich an mir und nicht ich mich an denen. Mittlerweile schaue ich in ganz anderen Branchen nach und bin mit ganz anderen Menschen vernetzt. Ich pflege immer noch den Kontakt zu dem einen oder anderen Kollegen, aber das habe ich sehr bewusst reduziert. **Wenn jemand in seinem Business wachsen will, muss er sich austauschen und vernetzen und das insbesondere über die eigene Branche hinaus.**

Einige Menschen sind sich unsicher, ob sie sich als Speaker oder Trainer selbst verwirklichen sollen. Sie haben vielleicht Ängste und Hemmungen. Welche Tipps kannst du diesen Menschen mitgeben, welche sie bei der Entscheidungsfindung berücksichtigen sollen?

Das ist ein riesiger Markt. Aktuell ist jegliches Wissen frei im Internet und in Büchern verfügbar, doch es geht nicht um Wissen, sondern um Orientierung.
Die meisten Menschen sind völlig orientierungslos, weil es eben so unfassbar viel Wissen und so viele Möglichkeiten gibt. Jetzt kommen Berater, Trainer, Speaker und Coaches, die helfen, Klarheit zu bringen und Orientierung zu geben. Das ist keine Wissensvermittlung, es ist ein: "Was mache ich?" und kein "Wie mache ich das?"
Es gibt jetzt schon in Deutschland zehntausende Coaches und Trainer und die Nachfrage wird in den nächsten Jahren noch steigen. Wir stehen noch ganz am Anfang. Und es ist eines der letzten beruflichen Abenteu-

er. Es gibt weder Zugangsbeschränkungen noch Zugangsvoraussetzungen. Es gibt auch keine Qualitäts- und Preisstandards. Du kannst alles selbst bestimmen, vorausgesetzt der Markt gibt dir das entsprechende Feedback.
Wenn es nicht funktioniert, dann hast du keine Kunden und auch keine Aufträge und das ist das Feedback, was vom Markt kommt. Wenn es gut vermarktet wird, wird es sich durchsetzen. Der Job ist nicht für jeden was, weil du Lust auf Menschen und Kommunikation haben musst. Den Job nur zu machen, weil du meinst, damit schnell Geld verdienen zu können, finanziell unabhängig wirst und zeitlich und räumlich frei bist, kann ich nicht empfehlen.
Der Hauptgrund diesen Beruf auszuüben ist, weil du Menschen aus tiefstem Herzen weiterhelfen willst. Hierbei geht es nicht um dein Ego. Ich erlebe leider immer wieder Redner auf der Bühne, die ihre Geschichte erzählen und denke, der braucht eine Psychotherapie. Der therapiert sich gerade selbst, indem er seine Geschichte vor Publikum erzählt. Es geht nicht um Selbstdarstellung, sondern um das, was andere Menschen von dir lernen können und wie du anderen Menschen Orientierung gibst. Das ist viel wichtiger, als schnell reich und finanziell unabhängig zu werden.

Woher nehme ich mir das Selbstvertrauen, dass ich genug weiß, um Andere davon lernen zu lassen?

Das ist ganz einfach: Gibt es eine Nachfrage nach deinem Wissen und deinem Können? Nachfrage bedeutet nicht nur, dass Kunden dafür Geld bezahlen, sondern es geht auch um dein persönliches Umfeld. Bitten dich Freunde, Bekannte und Nachbarn um deinen Rat und kannst du ihnen weiterhelfen? Wenn das so ist, dann macht es Sinn, das auch fremden Menschen gegen Geld anzubieten. Egal ob im Internet mit Online-Produkten, Online-Kursen, in Büchern oder mit Vorträgen, Coachings und Seminaren.
Woher nimmst du dein Selbstvertrauen?
Ich empfehle das Führen eines Erkenntnis- und Erfolgsjournals. Immer wenn du sagst, ich weiß nicht, ob ich das kann, dann ist das ein Zeichen für mangelndes Selbstvertrauen. Du bekommst Selbstvertrauen, indem du dich selbst besser kennen lernst und dir selbst vertraust.
Schreibe jeden Tag drei bis fünf Dinge auf, auf die du Stolz bist, die du gelernt hast und immer wenn du zweifelst, dann lies was du die letzten

Tage, Wochen und Monate aufgeschrieben hast. So wirst du dir selbst deiner Stärken bewusst und fokussierst dich darauf.
Dazu gibt es eine schöne Anekdote: Bei einer Stellenausschreibung werden fünf Qualifizierungspunkte vom Arbeitgeber erwartet. Eine Frau sieht, dass sie von diesen fünf Punkten nur vier erfüllt und bewirbt sich nicht, weil sie nicht die ganzen Anforderungen erfüllt. Ein Mann erfüllt einen der fünf und bewirbt sich wie selbstverständlich, weil er sich denkt, das, was die suchen, gibt es nicht, die sollen froh sein, dass ich diesen einen Punkt richtig gut erfülle. Das hat was mit Selbstbewusstsein zu tun.

Wenn du selbst auf deine eigene Karriere zurückblickst, was würdest du heute im Nachhinein anders machen?

Ich würde viel größer denken mit viel größeren Zielen. Ich habe immer viel zu klein gedacht. Ich würde mir schneller einen großen Mitarbeiterstab aufbauen und lernen, wie man diese Mitarbeiter richtig rekrutiert und führt. "Small is beautiful" ist eine Denkfalle.
Zudem würde ich mich noch schneller positionieren, um im Markt richtig wahrgenommen zu werden und noch mehr Geld in Online-Marketing investieren, weil sich, zumindest bei mir, jeder Euro mindestens 20-fach wieder auszahlt.

Fehler sind menschlich und passieren. Jeder noch so erfolgreiche Mensch erleidet gelegentlich Rückschläge. Was ist in deiner Karriere so richtig falsch gelaufen?

Ich habe den falschen Partnern und den falschen Mitarbeitern vertraut. Ich habe nicht genug Geld für das Finanzamt zurückgelegt. Ich habe nicht richtig verkauft. Ich hatte komische Glaubenssätze zum Thema Erfolg, Verkauf, Reichtum und Wohlstand, das war einer meiner größten Fehler.
Lasst mich an der Stelle eine Frage stellen: Was ist das Gegenteil von Erfolg? Das Gegenteil von Erfolg ist nicht Misserfolg, wie die meisten meinen. Das Gegenteil von Erfolg ist nichts tun. Das heißt, wer etwas tut, macht Fehler und die gehören dazu, um erfolgreich zu sein. Wer nichts macht, kann auch keine Fehler machen.
Wie du deine Taten und die Auswirkungen nachher beurteilst, findet in deinem Kopf statt. Du kannst auch Fehler als etwas Positives bewer-

ten. Ich wäre heute nicht da, wo ich bin, wenn ich nicht im Laufe meiner Karriere den falschen Partnern vertraut hätte. Den größten Fehler, den die meisten machen ist, dass sie ihre Produkte und Dienstleistung nicht richtig verkaufen können. Wenn ich da jemanden helfen kann, dann mache ich das sehr gern.

GÖNÜL
Pehlivan

Lass deine Maske fallen, sei du selbst und inspiriere damit dich und deine Mitmenschen!

Gönül Pehlivan

5
GP
Gönül
Pehlivan

Erfolgreiches Marketing erzählt authentische Storys – also lass deine Maske fallen!

Ein Interview mit Gönül Pehlivan

Nimm uns kurz mit in deine persönliche Geschichte: Wie hat alles angefangen? Was hat für dich den Ausschlag gegeben, dass du Speaker/ Trainer/Coach geworden bist?

Um das zu erklären, hole ich am besten ein bisschen weiter aus. Denn soweit ich mich erinnern kann, war ich schon immer ein Mensch, der kämpfen musste. Mir wurde nichts geschenkt. Ich musste mich damals um meine alleinerziehende Mutter und um meine Geschwister kümmern und sie unterstützen.

Mit 15 Jahren bin ich dann allein, ohne meine Familie, aus der Türkei nach Deutschland gezogen und habe hier mein neues Leben aufgebaut. Mit 20 Jahren habe ich dann meine Tochter bekommen und mich von meinem Mann getrennt. Ich stand also wieder ohne jede Hilfe da und musste mich selbst um mich und meine Familie kümmern.
Ich wollte meiner Tochter natürlich etwas bieten. Deswegen arbeitete ich unermüdlich an meiner Karriere als TV-Moderatorin. Gleichzeitig musste ich mich aber natürlich auch um meine Tochter kümmern. Ich habe sie also immer dabei gehabt, während ich von einem Termin zum nächsten gefahren bin.
Viele haben mich dafür bewundert, haben mir Komplimente gemacht, wie ich das alles manage. Ich habe einfach funktioniert. Die Option, dass ich es nicht schaffen könnte, gab es nicht. Ich hatte keine Zeit dafür, es nicht zu schaffen, keine Zeit krank zu werden oder müde zu sein.

Das ging eine Zeit lang gut, aber eben auch nicht ewig. Meine Motivation nahm immer weiter ab. Obwohl ich meinen absoluten Traumjob lebte, hatte ich keine Lust mehr auf die Arbeit. Hinzu kam, dass ich von einem langjährigen Vertrauten und Geschäftspartner ausgenutzt wurde. Er brachte mich in finanzielle Schwierigkeiten.

Ich entwickelte nach und nach Ängste und Paranoia und vertraute niemandem mehr. Ich schaffte es nicht mehr, Privatleben und Job unter einen Hut zu bringen und alles so zu managen, wie ich es bisher getan hatte.
Auch äußerlich sah man meine Veränderung: Ich lachte nicht mehr, wurde immer blasser und ließ die Schultern hängen. Ich wollte nichts mehr: Weder kämpfen, noch reden, noch aufstehen. Vier Jahre lang zog ich mich zurück.

Bei mir wurde Burn-Out diagnostiziert, sprich: Ich war emotional und körperlich komplett ausgebrannt. Das Burn-Out kündigte sich schleichend an. Leistungsdruck und die Angst zu scheitern bildeten meinen größten Antrieb. Hinzu kamen der Frust im Privatleben und die große Verantwortung, die ich schon immer zu tragen hatte.
Alles was ich noch fühlte war Müdigkeit, Kraftlosigkeit und Erschöpfung. Ich wollte einfach nur noch im Bett liegen und das tat ich meistens auch. Wenn ich nach einem Termin nach Hause kam, legte ich mich sofort schlafen.

Ich versuchte vier Jahre lang, ohne ärztliche Hilfe oder Medikamente, aus der Krankheit rauszukommen – vergeblich. Der richtige Auslöser, der mich dazu motivierte, mir Hilfe zu suchen, war meine Tochter. Als sie an einem Tag von der Schule kam, freute sie sich riesig, weil ein Ausflug mit der ganzen Klasse bevorstand. Allerdings war dieser sehr teuer – zu teuer für unsere damaligen Verhältnisse. Ich sagte ihr, dass sie bei dem Ausflug leider nicht dabei sein kann und es brach mir wirklich das Herz. Ich wartete, bis sie den Raum verlassen hatte und brach in Tränen aus.
Ab dem Zeitpunkt wusste ich, dass ich wieder glücklich sein möchte. Ich wollte meiner Tochter was bieten können. Ich wollte mich wieder im Spiegel ansehen und die Frau erkennen können, die ich früher geliebt hatte.

Geholfen hat mir, dass ich neue Entscheidungen getroffen habe. Entscheidungen, die mir ermöglichten, mich selbst zu entdecken. Ich be-

gann meine Stärken zu sehen und mich so anzunehmen, wie ich nun einmal bin. Ich hörte auf, mich zu bestrafen und erkannte das Burn-Out als Geschenk. Es war ein Warnsignal meines Körpers, das mich darauf aufmerksam machte, dass es mir nicht gut geht und mich vor Schlimmeren bewahrte.
Ich suchte im Internet nach Gleichgesinnten, las mir ihre Geschichten durch und erkannte mich in ihnen wieder. Verschiedene Seminare halfen mir dabei, meine Blockaden zu lösen und einen neuen Glaubenssatz zu definieren: „Ich kreiere meine Welt und meine Gedanken sind dafür verantwortlich." So konnte ich meinen Blick vom Negativen abwenden und das Schöne im Leben sehen.
Zudem habe ich begonnen, fast jeden Tag joggen zu gehen und steigerte dabei meine Leistung. Hinzu kam, dass ich meine Ernährung umstellte und schon bald die Ergebnisse im Spiegel sah. Ich verspürte eine Zufriedenheit und meine Mitmenschen merkten diese auch.

Neues Vertrauen in Menschen zu fassen war etwas schwieriger. Ich bekam einen Auftrag für eine Charity Veranstaltung, bei der ich Salsa tanzen lernen sollte, um den Menschen zu zeigen, wie sehr Tanzen verbindet. Auch wenn ich dafür kein Geld bekam, nahm ich den Auftrag an. Nach einigen Tanzstunden sagte mein Tanzlehrer zu mir: „Wenn du tanzt, ist es, als würdest du fliegen. Alles ändert sich bei dir, deine Haltung, deine Ausstrahlung und du fühlst dich leicht an." Ein Glücksgefühl überkam mich bei den Worten. Als ich mit einem anderen Partner tanzte, fragte mich dieser, ob ich alleinerziehende Mutter sei, denn meine Arme fühlten sich steif an, wie bei einer Frau, die viel Verantwortung trägt und nicht gelernt hat, sich auch mal führen zu lassen. Ich merkte, dass er absolut recht hat. Heute tanze ich gerne, lasse mich führen und lernte dadurch, wieder Vertrauen aufzubauen.

Ich vertraue nun mehr darauf, was mein Körper mir sagt und höre bewusst auf meine Bedürfnisse. Dazu gehört auch, dass ich lernte „Stop" zu sagen. Ich arbeite nur noch so viel, wie ich kann und nehme nur Aufträge an, die ich gerne mache. Aufträge, die mir nicht gefallen oder die mich zeitlich überlasten, lehne ich ab und gönne mir dann lieber mehr Pausen.

Der letzte Schritt, um in ein neues Leben zu starten war, meine Ängste zu überwinden. Mein Ziel war es, als Motivational Speaker auf der Bühne zu stehen und andere Menschen mit meiner Geschichte zu motivieren.

Als ich erfuhr, dass Thaddaeus Koroma, ein erfolgreicher Inspirational Speaker und Erfolgscoach, in der Stadt war, verabredete ich mich mit ihm. Er fragte mich, was meine größte Angst sei – definitiv meine Höhenangst. Er sagte: „Gut, dann sei mutig und springe wie dein Mentor Tobias Beck aus einem Flugzeug. So beweist du allen, dass du nicht nur redest, sondern auch handelst." Ich buchte den Tandemsprung noch während des Treffens.
Am Flughafen und während des Flugs in die Höhe, setzte meine Angst ein und mir stiegen die Tränen in die Augen. Als es dann soweit war, sprang ich nach kurzem Zögern aus dem Flugzeug. Die ganze Last fiel von mir ab, ich fühlte mich befreit und schrie vor Freude. Ich hatte keine Angst mehr.
Mein Weg war frei, ich hatte neue Kraft und konnte neue Entscheidungen treffen. Nun war ich ein Vorbild für andere. All diese Stationen in meinem Leben, haben mich zu der Person gemacht, die ich heute bin.

Ich bin der festen Überzeugung, dass jeder stressfrei erfolgreich werden und seine Ziele erreichen kann. Und das möchte ich nun anderen Menschen vermitteln.

Wie bist du anschließend vorgegangen? Wie hast du an Reichweite und Bekanntheit gewonnen, welche Marketingstrategien hast du eingesetzt?

Meine Marketingstrategie ist es, so ehrlich und authentisch wie möglich zu sein.
Ich habe vor einiger Zeit auf einem Seminar einen Vortrag vor 65 Teilnehmern gehalten. Ich war ehrlich und habe den Menschen einen Einblick in mein Leben gegeben. Mein Mut wurde belohnt – ich bekam Standing Ovations.
Ich dachte mir, wenn mich Menschen auf einem Seminar dafür feiern, dass ich mein Herz öffne und ganz ehrlich zu ihnen bin, warum sollte das nicht auch bei Instagram funktionieren?
Also habe ich auch dort meine Maske fallen lassen und mit Hilfe von Storytelling, meine Follower mit auf meine Reise genommen – mit allen Höhen und Tiefen meines Lebens. Das kam auch bei Instagram gut an und ich wurde für meine Ehrlichkeit gefeiert.

Ich bin sehr stolz darauf, dass mir so viele Menschen folgen und sich von mir inspirieren lassen. Ich trage eine große Verantwortung gegenüber meiner Community und freue mich jedes Mal, wenn ich Nachrichten bekomme, in denen sich die Menschen für meinen Content bedanken. Dafür mache ich es schließlich auch – ich will einen Mehrwert liefern.

Wie würdest du vorgehen, wenn du heute nochmal bei null starten müsstest? Welche Strategien würdest du den Lesern empfehlen, um Reichweite und Bekanntheit aufzubauen?

Durch die Digitalisierung hat heute jeder die Möglichkeit, bekannt zu werden. Ich komme vom klassischen Fernsehen und musste mich erstmal positionieren.
Instagram ist das wachstumsstärkste Netzwerk Deutschlands. Jeden Monat sind allein hierzulande 15 Millionen Menschen aktiv. Deswegen würde ich hier ansetzen.
Du brauchst eine klare Strategie, mit der du dich oder dein Unternehmen emotional ins Gespräch bringst. Instagram basiert auf Storytelling, Dialog und Authentizität. Gutes und authentisches Storytelling führt garantiert zu mehr Aufmerksamkeit.

Definiere deine Ziele, die du mit deinem Account erreichen willst, arbeite den Kunden-Avatar richtig heraus und überlege dir, was deine Follower begeistert. Warum sollten sie dir folgen? Welchen Mehrwert bietet dein Kanal?
Wechsle dabei nicht das Thema, sondern gestalte deinen Feed stimmig. Entscheide dich für ein Thema, eine Farbpalette und eine klare Textstruktur. Überlege, welche Fragen deine Kunden immer wieder haben und beantworte sie mit deinen Texten.

Du bist als Instagram Expertin derzeit sehr gefragt und auf vielen Bühnen unterwegs. Welche Bedeutung haben solche Auftritte als Speaker auf externen Events für dich? Welchen Nutzen ziehst du daraus bzw. warum sollte jemand, der als Speaker/Trainer/Coach erfolgreich werden will, sich darum bemühen, solche Gast-Auftritte zu bekommen?

Ich bin sehr gerne auf der Bühne und liebe es, mit den Teilnehmern diesen Kontakt zu haben und diese Energie zu spüren – das gibt mir sehr viel Kraft.

Die Bühnen sind sehr wichtig, um die Menschen von deinem Können zu überzeugen. Ich habe mittlerweile Fans, die mich fragen, wann ich auf welcher Bühne auftrete. Offline sowie online ist es wichtig, dass du mit deiner Botschaft die Herzen der Menschen erreichst und sie in die richtige Richtung bringst.
Was ich meiner Community immer weitergebe ist, dass man aufstehen muss und immer weiterzumachen. Das Leben hat mich immer wieder mit schwersten Lebenskrisen dazu genötigt, meine seelische Maske fallen zu lassen und mich der Wahrheit zu stellen. Ich habe die Herausforderung angenommen und bin jedes Mal über mich hinausgewachsen. Diese Lebenseinstellung und Befreiungsstrategie gebe ich an meine Community weiter, damit auch hier die Menschen innerlich wie äußerlich frei und unabhängig werden. Persönlich, beruflich und finanziell.

JÖRG Löhr

Du kannst in anderen nur entzünden, was in dir selber brennt!

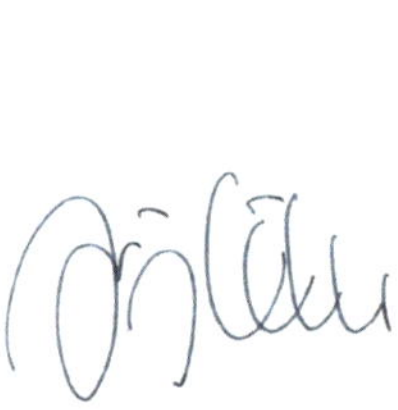

7

JL

Jörg
Löhr

Für wenig Einsatz viel zu bekommen, das entspricht nicht den Gesetzen des Lebens

Ein Interview mit Jörg Löhr

Nimm uns kurz mit in deine persönliche Geschichte: Wie hat alles angefangen? Was hat für dich den Ausschlag gegeben, dass du Speaker/Trainer/Coach geworden bist?

Daran erinnere ich mich sehr gern. Ich hatte schon sehr früh das Privileg, meine Leidenschaft leben zu dürfen und zu können. Mit nur 17 Jahren kam ich in die Handball-Bundesliga und damit ging für mich ein Traum in Erfüllung. Finanziell sah es allerdings eher mau aus, denn damals erhielt ich pro Punkt, den ich mit meinem Team machte, gerade einmal 15 DM. Wenig Brot also, aber umso mehr Spaß!
Gut zwei Jahre später machte mir ein Mitspieler das Angebot, stiller Teilhaber seines Fitnessstudios zu werden. Das befand sich im Souterrain des Augsburger Hotelturms, im Holiday Inn. Natürlich war dieses Angebot unglaublich verlockend. Als ich dann hörte, was ich investieren müsste, stockte mir aber erst einmal der Atem. Es waren 100.000 DM. Puh! Für mich war das zu der Zeit natürlich unheimlich viel Geld. Doch ich wollte es unbedingt machen. Also zählte ich, was ich angespart hatte und für den Rest überzeugte ich eine Bank, mir ein Darlehen zu geben.

Wie hast du das gemacht? Als 20-Jähriger ein solches Darlehen zu bekommen?

Nun, ich habe die Bank überzeugen können, dass mein Konzept funktionieren würde. Das war gar nicht so schwer, weil ich selbst überzeugt war. Ich dachte mir: “Es läuft. Du spielst in der Handball-Bundesliga, du bist auf dem Sprung in die A-Nationalmannschaft und jetzt wirst du auch noch Geld verdienen, ohne groß dafür zu arbeiten." Das fand ich ziemlich cool – obwohl man dieses Wort damals noch nicht benutzt hat.

Und war es cool?

Nein, das war es überhaupt nicht. Ich hatte also meinem Mitspieler das Geld gegeben. Doch nach ein paar Wochen verschwand mein sogenannter Geschäftspartner mit den 100.000 DM nach Israel, statt sie – wie versprochen – in das Fitnessstudio zu investieren.
Zuerst regte mich das nicht einmal besonders auf. Ich dachte: "Okay, jetzt hast du für dein Geld sogar den ganzen Laden bekommen. Läuft!" Drei Monate später sagte mir allerdings der Hoteldirektor, dass das Hotel und damit auch das Studio Ende des Monats schließen würden – wie mit meinen "Geschäftspartner" vereinbart! Wie vereinbart? Ich wusste nichts davon.

Wie hast du auf diese Erkenntnis reagiert? Warst du verzweifelt?

Erfreut war ich darüber natürlich ganz und gar nicht. Aber total frustriert war ich auch nicht. "Na ja", dachte ich mir, "dann verkaufe ich eben die Fitness-Geräte und verdiene auch noch gutes Geld." Der Typ, der jetzt in Israel war, hatte doch sicher selbst eine Menge Geld investiert. Die Werte waren ja schließlich noch da.
Ich rief also einen Sachverständigen an, der schätzen sollte, was man für die ganzen Laufbänder, Stepper, Fahrrad-Ergometer, Kraftgeräte, Hanteln etc. verlangen könnte. Die Antwort dieses Experten war nun richtig ernüchternd. Ich weiß sie bis heute. Er sagte: "Dafür kriegen Sie nicht wirklich Geld. Aber vielleicht holt ja jemand die Geräte kostenfrei ab."

Nun hattest du tatsächlich ein Problem?

Ja, das hatte ich. Ich muss zugeben, ich war richtig wütend. Wütend wegen meiner Gutgläubigkeit und noch viel wütender wegen der Hinterlist dieses sogenannten "Freundes". Das ging auch gegen meinen Stolz. "Wie war es möglich, dass er das mit mir machen konnte?", fragte ich mich. Ich war drauf und dran, es mir in der Opferrolle gemütlich zu machen. Nach einigen Tagen wurde mir jedoch bewusst, dass mich die nicht sonderlich weiterbringen würde.

Okay, doch da war der Kredit, den du noch zurückzahlen musstest.

Ja, da war der Kredit. Und da war eine Lektion, die ich gelernt hatte: **Für wenig Einsatz viel zu bekommen, das entspricht nicht den Gesetzen des Lebens.** Ergo: Ich musste meinen Einsatz erhöhen, um aus dem, was da war, etwas Lukratives zu machen. Und was war da? Nun, neben den Schulden hatte ich ja die Fitnessgeräte. Also überlegte ich mir, wohin sich der Fitnessmarkt wohl künftig entwickeln würde. Ich dachte mir, es würde von großen Muskelpaketen weggehen und sich hin zu Aerobic, Kommunikation und Fitness für Jedermann entwickeln. Dann hörte ich, dass eine Villa auf der gegenüberliegenden Seite des Hotels vermietet werden sollte.

Eine Villa zur Vermietung... du hattest doch ohnehin schon Schulden und wolltest nun weiter ins Risiko gehen?

Ja, denn wie gesagt, ich hatte meine Lektion gelernt. Ohne einen großen Einsatz würde es nicht funktionieren. Ich ging also zu dem Eigentümer der Villa und überzeugte ihn davon, sein idealer Mieter zu sein.

Das war sicher nicht einfach. Du warst ja immer noch sehr jung.

Stimmt, aber es klappte trotzdem. Ich hatte den unbedingten Willen, meine Idee umzusetzen – und das kam offenbar gut an. So schleppte ich all die Geräte, die mir niemand hatte abkaufen wollen, zusammen mit Freunden über die Straße vom Hotel in die Villa. Und sechs Monate später eröffnete ich dort ein Fitnessstudio.

Das funktionierte völlig problemlos?

Mir war schon klar, dass ich kein Know-how in der Branche hatte. Also sicherte ich mir die Dienste von zwei Unternehmensberatungen, denn ich wollte ja nicht nur irgendwie meinen Kredit zurückzahlen, sondern mit der Sache auch Geld verdienen. Zudem wollte ich Spaß damit haben, es sollte etwas richtig Gutes werden. Das war immer mein Ansatz!
Mein ganzes Team und ich knieten uns voll rein und es lief von Jahr zu Jahr besser. Einige Jahre später konnte sogar eine zweite, noch viel größere Anlage eröffnet werden.

Du bist aber heute nicht Betreiber von diversen Fitnessstudios, sondern ein sehr erfolgreicher Coach, Speaker und Berater. Wie kam es dazu?

Da spielte ein wenig der Zufall mit und auch, dass ich weiterhin bereit war, sich bietende Chancen wahrzunehmen. Wie schon gesagt, hatte ich zwei Unternehmensberatungen mit im Boot. Eine davon wollte mich unbedingt als freien Mitarbeiter haben – und ich sagte zu. Neben der Beratung haben wir dort unseren Kunden auch Seminare angeboten.

Solche Seminare hattest du aber vorher noch nie gemacht?

Stimmt, hatte ich nicht. Die Kommunikation und das Begeistern von Menschen schienen aber absolut zu meinen Talenten zu gehören. Von denen hatte ich ja schon mehrfach profitiert. Ich hielt also die ersten Seminare als Referent der Unternehmensberatung und stellte fest: "Hey, das macht ja wahnsinnig Spaß!"
Ich schaffte es, die Teilnehmerinnen und Teilnehmer inhaltlich weiterzubringen und zu begeistern. Zudem gelang es mir, die Menschen wirkungsvoll ins Handeln zu bringen. Diese Erfahrung war sicher eine der wichtigsten und nachhaltigsten in meinem Leben.

Mir war rasch klar, dass ich mit diesem Thema weitermachen wollte, also Menschen bei ihrer persönlichen Weiterentwicklung und auf dem Weg zum Erfolg zu unterstützen.
Im Jahr 1995 habe ich dann meine eigene Seminar-Firma gegründet und konnte richtig mit den Inhalten, von denen ich glaubte, dass sie besonders relevant sein würden, loslegen. Offenbar waren das tatsächlich genau die Inhalte, welche die Menschen bewegten. Und scheinbar konnte ich die Botschaften auch so rüberbringen, dass sie wirkungsvolle und positive Reaktionen auslösten. Viele Unternehmen und ihre Mitarbeiter waren von den Seminaren fasziniert. Genauso die Teilnehmer, die meine offenen Veranstaltungen besuchten.

Und woher bekommst du dein fachliches Know-how?

Ich habe mich nach meiner Karriere als Handballer und nach meinem Studium, intensiv mit dem Thema Persönlichkeitsentwicklung beschäf-

tigt. Dazu gehörten unter anderem mehrere Zusatz-Ausbildungen im Bereich Psychologie in Deutschland und den USA.
Anschließend folgte das, was ich jedem empfehle: **konstant und permanent lernen und sich weiterentwickeln.** Mit steigender Nachfrage konnte ich mein Unternehmen immer weiter ausbauen und im Jahr 2006 wurde ich als erster deutscher Referent in die Speakers Hall of Fame gewählt. Eine ganz besondere Auszeichnung, bei der sowohl die inhaltliche Qualität als auch die Performance zählen.

Wie schon als Handballer konntest du also wieder deine Leidenschaft zum Beruf machen?

Ja, genau. Das ist nach meiner vollen Überzeugung einer der wichtigsten Erfolgsfaktoren. Ich habe mich nicht hingesetzt und beschlossen: "Ich werde nun Speaker und Trainer, denn damit kann man viel Geld verdienen."
Nein, die Basis waren meine Erfahrungen und eben meine Leidenschaft für die Kommunikation mit anderen Menschen. Ich hatte als Leistungssportler, als Nationalspieler und dann als Unternehmer viel erlebt. Zudem hatte ich neben dem Studium jede Menge Wissen angehäuft. Geld war also am Anfang absolut nicht meine Motivation. Das kam erst später und die Erkenntnis, gut von meiner Leidenschaft leben zu können, war selbstverständlich eine sehr angenehme.

Es sollte demnach niemand deinen Beruf mit der primären Motivation, viel Geld zu verdienen, ergreifen?

Das Geld sollte keinesfalls die allerwichtigste Triebfeder sein. Deshalb warne ich bei unserer Trainer- oder auch Coaching-Ausbildung die Teilnehmerinnen und Teilnehmer davor, dies wegen des erhofften schnellen Geldes zu machen. In aller Regel wird es das nicht geben. Als Trainer, Speaker oder Coach bekommt man, wie in allen anderen Berufen auch, nichts geschenkt. Es gilt, sich voll und ganz auf seinen Job einzulassen, hochkonzentriert an sich zu arbeiten, sich zu überlegen, mit welchen Themen man sich von anderen Anbietern absetzen kann und sich so, nach und nach, eine Position im Markt zu erarbeiten. Die Aufzählung zeigt schon: Über Nacht geht da gar nichts.
Wie lange es dauert, darüber entscheiden der Einsatz, die Talente, die Einstellung und die Disziplin.

Du hast deine Expertise nach und nach aufgebaut. Geht dieser Prozess immer weiter?

Die Antwort darauf lautet eindeutig: Ja.
Wie ich schon erwähnt habe, fing es bei mir mit den Erlebnissen als Leistungssportler und insbesondere als Nationalspieler an. Dann kamen die ersten unternehmerischen Erlebnisse, mein Studium und meine Fortbildungen. Mindestens ebenso wichtig, wenn nicht wichtiger, sind meine Erfahrungen und Erkenntnisse, die ich in den letzten 25 Jahren im Rahmen meiner Arbeit als Trainer, Coach und Speaker machen, beziehungsweise gewinnen durfte. Meine heutige Expertise verdanke ich damit vor allem der Zusammenarbeit mit sehr vielen renommierten Unternehmen und zahlreichen besonderen Persönlichkeiten in meinen Coachings und Seminaren.

Wie viele Vorträge hältst du und kannst du dich noch an deinen ersten Kunden bzw. Auftrag erinnern?

Momentan und schon seit einiger Zeit ist es so, dass ich meinem Büro pro Jahr 150 Tage zur Verbuchung freigebe. Das heißt: Fast jeden zweiten Tag stehe ich vor einer neuen Gruppe von Menschen, die etwas tun wollen, um beruflich und persönlich durchzustarten. Im Laufe von einem Vierteljahrhundert ist da eine ziemlich beeindruckende Zahl an Veranstaltungen zusammengekommen. Von den 150 Tagen halte ich an ca. 90 Tagen Seminare oder Vorträge für Firmen. Die übrigen rund 60 Tage gebe ich offene Seminare zu den Themen Persönlichkeit, Erfolg, Lebensenergie, Führung und Rhetorik. An meinen ersten Auftrag von einer Firma kann ich mich leider nicht mehr erinnern. Ich weiß aber noch ziemlich genau, wie mein erstes Intensivseminar ablief. Das war mein Rhetorik-Seminar "Erfolgreich REDEN", vor ca. 25 Jahren!

Und war dieses erste Seminar schon ein Erfolg?

Ich hatte sage und schreibe fünf Teilnehmer, die dieses Seminar ganz normal gebucht hatten. Damit der Raum ein wenig voller wirkte, wurden kurzerhand meine zwei besten Freunde zwangsverpflichtet. So waren es immerhin sieben Menschen, denen ich die Geheimnisse guter Kommunikation vermitteln durfte.

Für das Thema Rhetorik hatte ich mich entschieden, weil ich damals überzeugt war und heute ebenso überzeugt bin: Je höher jemand auf der Erfolgsleiter aufsteigt, desto mehr Sicherheit braucht er in der Welt der Sprache und desto mehr wird sein Kommunikationsvermögen über seinen weiteren Weg entscheiden.
Ich erinnere mich noch, dass ich die ganze Nacht davor nicht schlafen konnte, so angespannt war ich. Ich war überglücklich, als dann endlich der Startschuss fiel.
Die Frage war, ob ich mein erstes Seminar als erfolgreich bezeichnen würde. Bei fünf zahlenden Teilnehmern war es finanziell sicher kein Knaller. Trotzdem würde ich es eindeutig als Erfolg bewerten und das aus mehreren Gründen.
Zum einen konnte ich die Teilnehmer begeistern und sie sagten mir am Ende, dass sie sehr wichtigen Input für ihre weitere Entwicklung erhalten haben. Zum anderen hatte ich mir selbst bewiesen, ein solches Seminar gut über die Bühne bringen zu können. Außerdem war ich ins Handeln gekommen.
Es hatte sich wieder einmal eine Weisheit als richtig erwiesen, die ich noch heute häufig Menschen vermittle und die ich mir auch selbst immer wieder zu Herzen nehme. Sie lautet: Besser fehlerhaft begonnen als perfekt gezögert!

Wie bist du anschließend weiter vorgegangen? Wie hast du an Reichweite und Bekanntheit gewonnen, welche Marketingstrategien hast du eingesetzt?

Dafür muss man sich erst einmal klarmachen, dass wir damals in einer komplett anderen Welt lebten. Es gab kein Online-Marketing, keine Social Media, keine Marketing-Funnels, auch Leadgenerierung war kein Thema.
Wir arbeiteten analog und nur analog. Was es gab, war die Unterscheidung zwischen B2B und B2C. Für beide entwickelte ich unterschiedliche Konzepte, um jeweils die Bedürfnisse der Kunden bestmöglich zu erfüllen. Damals galt, genauso wie in der heutigen digitalen Welt: **Wer erfolgreich sein will, der muss immer maximale Leistung abliefern, er muss seinen Kunden immer maximalen Nutzen bringen.** Genau darauf habe ich mich konzentriert. Ich hatte von Anfang an das Ziel, die Kunden so zu faszinieren und zu überzeugen, dass sie mich weiterempfehlen.

Dieses Ziel hast du offenbar erreicht?

Ja, mein Team und ich haben es geschafft, dass meine offenen Seminare ständig ausgebucht waren. Bis vor fünf Jahren habe ich dafür nicht einmal einen Euro für Werbung ausgeben müssen. Die Mund-zu-Mund-Propaganda war extrem wirksam. Das ist sie immer noch, doch inzwischen haben sich die Bedingungen geändert. Das Spiel um Bekanntheit, Reichweite und Umsatz ist heute ein völlig anderes als es früher war, als ich mit meiner Seminar-Firma an den Start ging.

Wie würdest du diesbezüglich vorgehen, wenn du heute nochmal bei null starten müsstest? Welche Strategien würdest du den Lesern empfehlen, um Reichweite und Bekanntheit aufzubauen?

Da das Spiel ein anderes ist als früher, muss man sehr viel strategischer vorgehen. Die Konkurrenz etwa ist erheblich größer, genauso wie die Erwartungen der Kunden. Zudem haben sich natürlich die Kommunikationswege verändert. Was also würde ich jemandem empfehlen, der heute anfängt?
Ich würde ihm raten: Überlege dir als Erstes, für was du stehst. In welchem Bereich bist du Experte? Wo hast du mehr zu bieten als andere? Dabei gilt es, sehr konkret zu sein. Warum? Weil du zunächst spitz in den Markt gehen musst. Das heißt, du musst dein Portfolio auf sehr präzise Angebote beschränken.
Weitere Themen und Bereiche solltest du erst dann dazu nehmen, wenn du bereits bekannt bist, eine große Reichweite bei deinen Zielgruppen hast, sowie eine große eigene Community besitzt. Ist das erreicht, kannst du dich weiter öffnen, kannst du breiter werden. Was du mit aufnimmst, hängt natürlich von deinem Wissen und deinem Erfahrungsschatz ab. Wenn es dann irgendwann mehr Themen sind, musst du aber für jedes eine hohe Glaubwürdigkeit besitzen.

Was würdest du selbst noch tun, wenn du heute starten würdest, und was würdest du denen raten, die heute dort stehen, wo du vor 25 Jahren gestanden hast?

Was ich selbst tun würde ist dasselbe, was ich auch anderen raten würde, beziehungsweise tatsächlich rate. Dazu gehört, permanent am eigenen Vortrag oder am eigenen Trainingsmodul zu feilen. So etwas erreicht niemals einen perfekten Endzustand, weil es den gar nicht gibt. Alle meine Vorträge und Seminare befinden sich ständig in einem Prozess, der nicht endet. Das Ganze wird von Mal zu Mal verbessert – und das gilt natürlich ganz besonders am Anfang, für die ersten Vorträge und Trainings. **In dieser Phase sollte man möglichst oft damit auftreten, auch wenn zunächst kein Geld dabei herausspringt. Du musst dir einfach Sicherheit holen und die bekommst du eben nur durch die Praxis.**

Was würdest du den Lesern sagen, die meinen, statt nur einem, gleich ein paar Vorträge einstudieren zu müssen?

Die würde ich zu Qualität statt Quantität ermahnen. Was bringt es etwa einem Schriftsteller, wenn er in kurzer Zeit drei schlechte Bücher auf den Markt wirft? Weniger als nichts! Er wird von keinem davon eine nennenswerte Anzahl verkaufen, er bekommt bestenfalls einen mittelmäßigen Ruf und gelernt hat er bei dem schnellen, aber bescheidenen Schreiben auch nichts. Wozu also das Ganze?
Besser wäre es gewesen, mit mehr Zeit ein einziges, richtig gutes Buch zu verfassen. Wohlgemerkt: ein gutes, nicht ein perfektes, denn ewig an jeder Seite zu feilen, das führt auch zu nichts außer Frustration.
Doch zurück zu angehenden Speakern, Trainern oder Coaches. Nehmen wir als Beispiel jemanden, der Redner werden will. Auch für den ist ein guter Vortrag sehr viel nützlicher als fünf oder sechs mittelmäßige. Mein Freund Joey Kelly etwa, hat nur einen einzigen Vortrag. Der ist richtig gut und mit dem tourt er seit Jahren erfolgreich durch die Lande – wobei er pro Jahr weit über 200 Auftritte hat. Das ist wahnsinnig effizient. Natürlich verbessert auch Joey seinen Vortrag immer wieder, die Basis aber bleibt dieselbe.

Gesetzt, jemand hat einen tollen Vortrag. Wie schafft er es, dass dies genügend Menschen merken?

Hier sind wir bei der Frage, wie du in die Sichtbarkeit kommst. Um das zu erreichen, brauchst du ein hervorragendes Marketing. Es muss ebenso herausragend sein, wie deine Produkte oder deine Dienstleistungen. Du musst dir überlegen, wie die Menschen da draußen von dir erfahren. Von dir und von dem, was du ihnen anzubieten hast. Ich halte dabei sehr viel von dem Motto „Modelling of Excellence“.

Und was ist Modelling of Excellence etwa für einen angehenden Speaker?

Man sollte sich Menschen anschauen, die das, was man selbst tun möchte, nicht nur irgendwie beherrschen, sondern die es herausragend beherrschen. Das bedeutet etwa fantastische Reden im Internet zu verfolgen, Webinare zu nutzen etc.
Es bedeutet aber auch, sich mit Menschen zu umgeben, die schon das erreicht haben, was du erreichen willst. Besuche Konferenzen wie die Contra, hole dir den Rat von Fachleuten. Mit all dem sammelst du Informationen, auf denen du die Strategie für dein Marketing aufbauen solltest.

Hängt die Strategie nicht auch davon ab, was jemand investieren kann?

Ja, das ist völlig richtig. Was du tun kannst, hängt von deinen finanziellen Ressourcen ab und auch davon, wie viel Zeit du aufwenden willst. Ich sage bewusst "willst", denn natürlich ist es auch immer eine Entscheidung, für was du welche Ressourcen einsetzt. Triff sie und lege dann deine Strategie fest.
Dabei solltest du daran denken, dass diese Strategie niemals perfekt sein und niemals für alle Ewigkeit die gleiche bleiben wird. Für sie gilt ebenso wie für Seminare und Vorträge: Verbessere sie ständig! Setze dabei unter anderem auf Rückkopplung mit der Realität. Frage dich, welche Maßnahme wie gewirkt hat. Analysiere jeweils das Verhältnis von Aufwand und Nutzen und triff dann wieder Entscheidungen. Eliminiere Maßnahmen, die dir nichts oder zu wenig bringen. Intensiviere andere, die richtig erfolgreich waren.

Noch einmal zu dir persönlich. Was konkret würdest du heute tun, wenn du neu in den Markt gehen würdest?

Wenn ich heute anfangen würde, dann wäre ein erster Schritt sicherlich, mir Experten zum Thema Online-Marketing in mein Team zu holen. Erstens ist ein gutes Marketing heute entscheidend und zweitens findet dein Geschäft mehr und mehr online statt.
Zusammen mit den Experten würde ich eine klare Strategie festlegen, wie ich meine Sichtbarkeit optimieren will. Ich denke da etwa an Po-

dcasts und YouTube-Videos, an Webinare und Online-Kurse oder auch an Kooperationen mit anderen Unternehmern. Es ist unbestreitbar: Wer heute im Internet nicht sichtbar ist, der ist überhaupt nicht sichtbar!

Wie wichtig sind für dich digitale Produkte als Ergänzung in deinem Produktportfolio? Und wie schätzt du deren zukünftige Bedeutung ein?

Die digitalen Produkte sind längst unverzichtbar und sie werden künftig, das ist ganz klar, immer wichtiger werden. Es ist zu wenig, sich den neuen digitalen Möglichkeiten bloß zu stellen. Es geht vielmehr darum, sie zu begrüßen und die faszinierenden Chancen zu sehen, welche die Digitalisierung bietet. Chancen fürs Business und für die persönliche Weiterentwicklung. Beides hängt ja eng zusammen. Ich denke es ist wichtig, einer der Menschen zu sein, die aktiv an der Zukunft bauen. Für mich sind zum Beispiel mein YouTube-Channel, mein Podcast oder meine „Daily Inspirations" per Newsletter wichtig. Das Feedback beweist: Dieser schnelle Mehrwert, die Aktualität und die 24-Stunden-Verfügbarkeit kommen an.

Apropos persönliche Weiterentwicklung: Sind die im digitalen Zeitalter wichtigen Kompetenzen andere als früher?

Es sind andere Fähigkeiten als früher entscheidend. Neugierde ist beispielsweise ganz wichtig. Neugierig wie ein Kind sein? Ja, aber noch mehr als das. Wenn ein Kind spielt, dann packt es ständig etwas Neues an. Es bleibt selten längere Zeit an einer Sache dran.
In digitalen Zeiten brauchst du beides: Lust auf Neues und die Fähigkeit, dieses Neue systematisch zu verfolgen. Alles wird immer komplexer, sodass du über den Tellerrand deines Fachgebiets hinausschauen können musst – und das auch tun solltest! Du musst dich mit neuen Ideen auseinandersetzen. Ständig und immer wieder.

Welche „digitalen Kompetenzen" braucht man noch?

Wer heute zu perfektionistisch ist, der bremst sich selbst aus. Du hast schlicht nicht mehr die Zeit, um eine Idee hundertprozentig perfekt umzusetzen. Würdest du das etwa bei einer Geschäftsidee tun, wäre das Ergebnis schon veraltet, wenn es auf den Markt käme.

In der digitalen Welt geht es oft um Prozesse, die sich selbst optimieren. Die Systeme passen sich den Bedingungen an. Soll heißen: Leg los und biete etwas an, auch wenn es nur zu 80 Prozent perfekt ist. Bist du dafür schneller und flexibler als die anderen, ist das dein entscheidender Wettbewerbsvorteil.

Neugierig sein, weniger perfekt sein... und sonst?

Da gibt es noch einige wichtige Kompetenzen, um in digitalen Zeiten erfolgreich zu sein. Nie aufhören zu lernen, sich selbst optimal organisieren, die Fähigkeit zur Konzentration auf die relevanten Informationen und vor allem Zielklarheit.

Gibt es eine Fähigkeit, die aus deiner Sicht wichtiger ist als alle anderen?

Die Kernkompetenz in der digitalen Hochgeschwindigkeitswelt heißt, als Aufforderung formuliert: Verändere dich! Das Verändern in Echtzeit ist gefragt. Die Erkenntnis Heraklits „Alles fließt" klingt heute fast nach Stillstand. Heute strömt alles wie in einem Hochgebirgsbach nach der Schneeschmelze – nur ist oft nicht klar, in welche Richtung.
Wer vorne mitspielen will, der muss einer der Ersten sein, die das Neue aufgreifen und ausprobieren, es verbessern und vorantreiben. Ich denke, man kann es nicht oft genug wiederholen: Die Geschwindigkeit entscheidet!

Online-Marketing und die Entwicklung digitaler Produkte kosten aber unbestreitbar Geld. Rechnet sich das?

Ich halte grundsätzlich nichts davon, vor allem Kosten zu senken und Angst vor neuen Kosten zu haben. Es macht einen Unterschied, ob man sich primär an den Kosten orientiert und diese unbedingt reduzieren will oder ob man bei jeder Maßnahme das sieht, was man damit erreichen kann.
In meinem Unternehmen habe ich deshalb die Devise angegeben: Lasst uns primär in allen Bereichen den Umsatz und prozentual den Gewinn steigern, statt hier ein bisschen und dort ein bisschen einzusparen.

Wie genau lassen sich denn Umsatz und Gewinn steigern?

Ein Autohersteller wird versuchen, mehr Autos pro Jahr zu verkaufen – ohne dass dabei die Kosten im selben Maße steigen. Als Trainer, Speaker oder Coach hast du natürlich auch die Option, einfach mehr Auftritte im Jahr zu machen. Damit erhöhst du allerdings deinen Aufwand und wenn der ohnehin schon an der oberen Grenze war, wirst du diese Option wohl kaum nutzen. Sie wäre lediglich ein Tausch von Zeit gegen Geld.

Also was dann?

Wenn du den Deal Zeit gegen Geld eher schlecht findest, also nicht mehr Termine machen willst, dann hast du grundsätzlich drei Möglichkeiten: Möglichkeit eins ist die Erhöhung deiner Honorare als Redner und der Gebühren pro Teilnehmer deiner Seminare. Natürlich funktioniert das nur, wenn du bereits eine große Bekanntheit hast und eine hohe Nachfrage nach deinen Angeboten. Und auch in diesem Fall gibt es eine Grenze, nämlich die maximale Summe, die die Menschen für deine Leistungen akzeptieren.

Möglichkeit Nummer zwei ist, mehr Leute pro Seminar zuzulassen. Das geht natürlich auch nur dann, wenn die Nachfrage groß genug ist. Auch dieses Instrument ist limitiert, denn es lassen sich nicht beliebig viele Teilnehmer optimal betreuen. Passe deshalb immer auf, dass deine Qualität dabei nicht leidet. Sie ist schließlich deine Eintrittskarte in den Markt.

Im Vergleich zu den ersten beiden Möglichkeiten und auch zur Option Zeit gegen Geld, ist die dritte Möglichkeit prinzipiell unlimitiert, nämlich das Angebot kostenpflichtiger digitaler Produkte. Damit meine ich Online-Kurse, Online-Abos, Webinare und Ähnliches. Diese Dinge werden künftig, meiner Überzeugung nach, eine immer größere Rolle spielen. Aus mehreren Gründen. Zum einen können die Menschen sie immer und überall nutzen, zum anderen musst du für diese Angebote nicht selbst anwesend sein.

Du bist als gefragter Speaker auf den großen Bühnen in Deutschland unterwegs. Welche Bedeutung haben solche Auftritte als Speaker auf externen Events für dich?

Mit Auftritten bei externen Events kann ich eine noch größere Zahl an Zuhörern erreichen, insbesondere auch solche, die mich bisher noch nicht kennen. Es macht mir zudem großen Spaß, Menschen für das Thema persönliche Weiter- und Fortbildung zu begeistern. Einfach deshalb, weil ich es für so unglaublich wichtig halte. Es reicht dabei nicht, nur den Verstand zu überzeugen. Für die Wirksamkeit brauchen wir vor allem auch Storys, Emotionen und Erlebnisse.

Welchen Nutzen ziehst du aus Gast-Auftritten bzw. warum sollte jemand, der als Speaker/Trainer/Coach erfolgreich werden will, sich darum bemühen, solche Einladungen zu bekommen?

Wie gesagt erreiche ich mit Gast-Auftritten Menschen, die bislang noch nichts von mir gehört oder zumindest keines meiner Seminare und keinen meiner Vorträge besucht haben. Darüber hinaus geht es mir auch um den Austausch mit Kolleginnen und Kollegen. Oft bekomme ich wertvollen Input und Ideen und genauso kann ich anderen dies geben. Beides ist wichtig. Und ich bin davon überzeugt, dass wir mehr Kooperationen brauchen.

Und was ist mit denjenigen, die sich noch ganz am Anfang ihrer Karriere in der Branche befinden?

Hast du noch keine große Bekanntheit und Sichtbarkeit erreicht, dann solltest du dich ganz besonders um Gastauftritte bemühen, auch wenn du dafür nicht viel oder überhaupt kein Geld bekommst. Der Grund ist sehr einfach: Die Leute werden dich nur dann buchen, sie werden sich nur dann deine Vorträge anhören, sich in deine Seminare setzen oder dich als Coach engagieren, wenn sie dich kennen und von dir überzeugt sind. Sie werden auch nur dann deine Online-Produkte kaufen. Mein dringender Rat ist deshalb: Nutze die großen Bühnen – egal, ob offline oder online, um dich zu zeigen, um dein Wissen zu demonstrieren und noch mehr, um die Menschen für dich zu begeistern. Gestalte deine Auftritte dabei so, dass die Menschen Lust darauf haben, mehr von dir zu erfahren!

FELIX
Thönnessen

Begeisterung ist der Beginn von Neuem!

Felix
Thönnessen

Nicht du bestimmst deine Kunden, sondern deine Kunden bestimmen dich

Ein Interview mit Felix Thönnessen

Nimm uns kurz mit in deine persönliche Geschichte: Wie hat alles angefangen? Was hat für dich den Ausschlag gegeben, dass du Speaker/ Trainer/Coach geworden bist?

Wenn ich an meine eigene Gründung zurückdenke, dann muss ich immer ein wenig schmunzeln, weil sich das ein oder andere doch ein wenig anders entwickelt hat, als ich es mir ursprünglich vorgenommen habe.
Nach meinem Studium war ich in unterschiedlichen Positionen und nachher bei einer Aktiengesellschaft als Marketing-Manager angestellt, inklusive hübscher Assistentin, tollem Team und allem, was man sich für so eine Anstellung wünscht.
Aber in irgendeiner Form gab es etwas, das mir gefehlt hat. Ich muss ehrlich sagen, ich habe ein wenig länger gebraucht, um herauszufinden, was es ist. Eigentlich hätte ich ja zufrieden sein müssen. Mir fehlte es, etwas Eigenes zu haben, etwas dass ich selbst geschaffen habe und dessen Zukunft ich selbst bestimmen kann.
Natürlich kannst du als Angestellter oder als Führungskraft Einfluss auf die Entwicklung des jeweiligen Unternehmens nehmen, aber es ist schon etwas Anderes, wenn es dein eigenes Baby ist.
So habe ich mich dazu entschieden, mich selbstständig zu machen. Ich wusste damals, was ich gut kann. Ich bin gut im Marketing, weil ich es studiert und in dem Bereich gearbeitet habe. Deswegen dachte ich mir, ich eröffne eine Marketingberatung.
Man kann schon sagen, dass ich da relativ blauäugig vorgegangen bin. Ich war ja noch relativ jung und habe mich einfach entschieden, vom Homeoffice aus, in die Selbstständigkeit zu starten. Das ist auch heute

noch schön: Ich brauche ein Handy und einen Laptop - das war's. Da ich beides hatte, konnte ich relativ simpel mit Thönnessen und Partner, der Marketingberatung, starten.
Aus dieser Marketingberatung heraus hat sich aber erst später mein eigentliches Geschäftsmodell entwickelt. Das ist eher ein Ansatz, der aus dem Lean Startup kommt: Du bekommst Kundenfeedback, mit dem du arbeitest und dein Geschäftsmodell weiterentwickelst. **Nicht du bestimmst deine Kunden, sondern deine Kunden bestimmen dich.** Das ist ein ganz wichtiger Leitsatz, der bei mir ganz weit oben steht.
Anfangs hatte ich zum Großteil kleine Kunden, die ich beraten und denen ich geholfen habe. Diese kleinen Kunden brauchten natürlich eine andere Beratung, als die potentiell großen, die ich mir am Anfang gewünscht hatte.
So ist aus meiner Marketingberatung ein Stück weit, eine Gründungsberatung geworden. Ich habe die Leute zwar immer noch größtenteils im Bereich Marketingstrategie und Kundengewinnung beraten, aber im Endeffekt ging es sehr viel um die Begleitung bei der Gründung und deren Unterstützung.
Aus dieser Not heraus habe ich eine Tugend gemacht und habe meine Marketingberatung in eine Marketing- und Gründungsberatung aufgesplittet. Ich dachte mir, wenn die Kunden das wollen, dann stelle ich das auch bei meiner eigenen Kommunikation in den Vordergrund.
Man kann eigentlich sagen, dass ich damals in meiner Heimatstadt Viersen, so gut wie jede Gründung begleitet habe, die es so in der Ecke gab, von Dönerläden bis hin zu Friseurgeschäften. Diese Unternehmen hatten mit digitalen Geschäftsmodellen noch nicht viel am Hut.
Ich bin zuerst im Homeoffice gestartet. Später bin ich dann in ein Coworking-Space gewechselt. Damals hieß das noch anders, es war eher eine Art Bürogemeinschaft. Von da aus bin ich dann witzigerweise in eine Art Kiosk gezogen, ein Eckladen-Lokal. Ich dachte mir, und das ist heutzutage ein weiterer Leitsatz von mir: Ich muss etwas anders machen. Ich habe mir gesagt: Wenn ich mir jetzt eine Kioskfläche nehme, die eine große Ladenfront hat, dann habe ich schon mal eine große Fläche, auf der ich in irgendeiner Form Fensterwerbung machen kann. Das führt dann dazu, dass ich noch ein bisschen mehr auffalle und gesehen werden.
Also startete ich in diesem Kiosk. Für mich persönlich ergab sich die Entscheidung, überhaupt in dieses Coach- und Trainer-Business zu gehen, vor allem aus meiner Beratungsleistung heraus.

Es ist häufig der Fall, dass sich eine Speaker-Tätigkeit aus einer der anderen beiden Tätigkeiten ergibt. Bei mir war das auch so: Ich habe als Berater angefangen, eine zusätzliche Coaching-Ausbildung gemacht, hauptsächlich als Berater und Coach gearbeitet und dann peu à peu auch als Speaker begonnen. Vor allem um Aufträge zu akquirieren, deswegen habe ich auch so viele kostenlose Vorträge gehalten.
Mit der Zeit kamen dann auch größere Unternehmen, die fragten, ob ich bei ihnen im Unternehmen ein Training geben kann.
Das heißt, bei mir kann man das wirklich chronologisch festlegen. Ich war zunächst Coach und Berater, später Speaker und irgendwann kam auch eine Trainertätigkeit hinzu. Das war mein Start - mit dem kleinen Kiosk in meiner Heimatstadt Viersen - und der eher aus der Not heraus geborenen Positionierung, mich auf kleine Kunden zu spezialisieren.

Kannst du dich noch an deinen ersten Kunden oder deinen ersten Auftrag erinnern? Und falls ja: Wie hast du ihn gewinnen können?

Ich hatte meine Spezialisierung auf das Thema Marketing gelegt, noch spezieller auf das Thema Marketingberatung. Ich wollte Firmen dabei helfen, eine Marketingstrategie zu entwickeln, die richtigen Kommunikationskanäle auszuwählen, eine Zielgruppen-Analyse durchzuführen und sich mit dem Thema Positionierung zu beschäftigen.
Aber auch hier ist es anders gekommen als ursprünglich geplant. Ich kann mich daran erinnern, mit einem meiner ersten Kunden ein langes Gespräch geführt zu haben. Ich habe ihm vorgestellt, dass ich ein Marketingkonzept erstellen, eine Strategie-Planung machen und eine Zielgruppen-Analyse durchführen kann.
Am Ende des Gesprächs fragte der Kunde mich: „Felix, kannst du auch Websites?" Da habe ich erstmal ein wenig geguckt. Da der kleine Vertriebler in mir immer ja sagt, sagte ich also: „Ja, ich kann auch Websites." Und der Kunde sagte: „Wir brauchen eine neue Website."
Das muss man sich mal vorstellen: Ich habe dem Kunden eine halbe Stunde lang von meinen strategischen Fähigkeiten erzählt, was wir für große, hochtrabende Marketingkonzepte erstellen können und am Ende kommt die Frage, ob ich eine Website erstellen kann.
Das heißt mein allererster Auftrag war die Erstellung einer Website für 1.200 Euro, inklusive 40 Unterseiten, neuem Design-Konzept und neuem Logo. Heute ist das finanziell sicher weder vorstellbar noch abbildbar. Aber es war mein allererster Auftrag und er kam von meinem Onkel.

Mein Onkel hat einen familiengeführten Heizungs-Sanitärbetrieb, den mein Großvater schon betrieben hat.
Das heißt, ich habe mich erst einmal in meinem näheren Umfeld umgeschaut. Wer kann meine Dienstleistungen gebrauchen? Wen kann ich unterstützen?
Diese 1.200 Euro bedeuteten für mich damals die Welt. Ich kannte meine laufenden Kosten und die lagen damals noch unter 1.200 Euro im Monat. Ich wusste, mit diesem einen Auftrag schaffe ich es, einen Monat zu leben. Das heißt, wenn ich es schaffe, nächsten Monat einen neuen Auftrag zu akquirieren, dann läuft meine Selbstständigkeit schon.
Das war natürlich eine tolle Geschichte. Deswegen finde ich es auch so wichtig, seinen ersten Auftrag, seinen ersten Kunden immer ein Stück weit zu feiern. Und sei es, wie in meinem Falle, mit einer Flasche Champagner vom Discounter. Es war ein ganz tolles Gefühl, eine Rechnung über diese Höhe zu schreiben und das erste Mal einen vierstelligen Umsatz zu machen.
Wir reden häufig darüber, dass ich als Coach und Speaker achtstellige Umsätze oder sonst irgendwas generieren kann, aber jeder fängt mal klein an und sollte sich öfters an seine Anfänge zurückerinnern. Also, mein erster Auftrag: 1.200 Euro für eine Website in der Familie.

Wie bist du anschließend weiter vorgegangen? Wie hast du an Reichweite und Bekanntheit gewonnen? Welche Marketingstrategien hast du eingesetzt?

Da ich selber als Marketingberater unterwegs war, hat mir das natürlich bei meiner eigenen Gründung, besonders zu Beginn, sehr geholfen. Ich wusste, welche Rolle die Positionierung und die richtige Auswahl der Kommunikationskanäle spielt. Ich hatte ein gewisses Grundverständnis für Offline- und Online-Marketing, aber natürlich macht, man gerade bei sich selber, vieles falsch.
Für mich gibt es in dieser Phase vor allem ein Wort, was es ganz gut beschreibt und das heißt ausprobieren. Ausprobieren bedeutet, dass ich gerade was die Wahl der Werbemöglichkeiten angeht, alles getestet habe. Zum Beispiel bin ich regelmäßig joggen gegangen und habe ein T-Shirt getragen, auf dem hinten "Kunden gewinnen? Kostenlose Marketingberatung" mit meiner Handynummer draufstand. Ich war wie ein laufendes Werbeobjekt.

Daneben habe ich noch tausend andere Sachen gemacht. Ich habe meinen örtlichen Fußballverein gesponsert und denen einen Trikot-Satz zur Verfügung gestellt. Ich habe kleine Flyer gedruckt und die mit Saugnäpfen an Autos festgemacht, um auch da ein wenig aufzufallen. Ich habe Flyer in Briefkästen geworfen, Zeitungsanzeigen geschaltet und versucht, Radiointerviews zu bekommen. Im Prinzip habe ich jede Möglichkeit genutzt, Werbung zu machen und auf mich und mein eigenes Business aufmerksam zu machen.
Natürlich sind nicht alle diese Möglichkeiten erfolgreich gewesen. Erfolgreich waren auch eher die Dinge, die offline orientiert waren, weil meine Zielgruppe sich sehr regional bewegt hat. Meine Coaching- und Beratungstermine waren nie mit jemandem aus München oder Berlin, sondern in erster Linie mit Leuten aus dem Rheinland.
Dennoch war es eine sehr aufregende und abwechslungsreiche Zeit, in der ich jede dieser Werbemaßnahmen selber durchgeführt habe. Das heißt, ich habe Flyer verteilt und Plakate aufgehängt. Ich hatte keinerlei Mitarbeiter, die mir etwas abgenommen haben, sondern ich habe immer wieder versucht, alles selbst zu tun.
Nun komme ich aber auf die Ausgangsfrage zurück, wie ich anschließend vorgegangen bin.

Der allererste Schritt ist, sich Gedanken darüber zu machen, welche Positionierung man eigentlich hat. Wie bin ich mit meinem Business im Markt aufgestellt? Was sind Dinge, die ich in den Vordergrund stelle, die mir wichtig sind, die ich in irgendeiner Form anders mache oder ähnliches?
Darum war die klare Positionierung für mich ein ganz wichtiger Faktor, den ich am Anfang wählen musste. Wie gesagt, hatte ich viele kleine Kunden und konnte hier eine Nischenstrategie fahren. Ich spezialisierte mich nicht auf jede Art von Kunden, sondern ich spezialisierte mich auf Gründungsinteressierte.
Nachher hat sich das so weiterentwickelt, dass ich mich auf die Leute spezialisiert habe, die sich selbstständig machen wollen oder schon selbstständig sind. Auf die habe ich dann meine Marketingberatung ausgelegt.
Das war zur damaligen Zeit schon sehr spitz gewählt, aber rückwirkend eine der Variablen, die für mich persönlich zu sehr viel Erfolg geführt hat. Eine Position ist etwas, das ich einnehme, bei der ich hart auf dem Boden stehe und mich nicht wie ein Fähnchen im Wind immer wieder von links nach rechts bewege. Nur so kann ich wahrgenommen werden.

Dann muss ich aber auch akzeptieren, dass der eine oder andere an mir vorbeirauscht, weil ich eben nicht in seinem Weg stehe, um es mal beispielhaft zu erläutern. Die klare Positionierung war für damals also ein ganz wichtiger Faktor, der auch dazu geführt hat, dass ich an Bekanntheit und Reichweite gewonnen habe, weil jeder wusste: Wenn du dich selbstständig machst, dann gehst du zum Felix.

Der zweite Punkt, den ich eben schon einmal angerissen habe, ist Werbung auf allen Kanälen, quasi das Gießkannen-Prinzip. Ich habe wirklich überall versucht Werbung zu machen. Egal, wo sich die Gelegenheit bot. Ich habe Flyer am schwarzen Brett im Supermarkt aufgehängt, um da auf meine Beratungs-Dienstleistung aufmerksam zu machen. Mein Auto war von oben bis unten beklebt. Ich habe Aufkleber für andere Autos gemacht und die Leute gefragt, ob sie diese auf ihre Autos draufkleben können. Ich habe Kalt-Akquise gemacht und Firmen direkt angerufen. Ich habe verrückte Brief- und Postkarten-Aktionen gestartet und Firmen Sachen zugeschickt. Damals habe ich mich schon intensiv mit dem Thema YouTube auseinandergesetzt.
Das ist fast schon eine traurige Geschichte. Es ist mittlerweile über zehn Jahre her, dass ich mehrere Tutorials zum Thema Marketing und Gründung erstellt habe. So was gab es damals auf Youtube gar nicht. Es gab gar kein einziges Tutorial, außer mein eigenes, zum Thema Gründung. Egal was man eingegeben hat, Existenzgründung, Start-up oder Selbstständigkeit, es kamen immer nur meine Videos.
Irgendwann habe ich leider einen Fehler gemacht. Am Ende dieser Videos gab es immer einen Abspann, in dem die falsche Webadresse und Telefonnummer angegeben waren. Diese wollte ich durch ein anderes Video ersetzen und habe leider die alten Videos rausgenommen. Dadurch waren die ganzen Views natürlich auch weg. Aber das war eine sehr interessante Erfahrung.
Hier kann ich jedem nur empfehlen, genau darüber nachzudenken: Was sind die Marketingkanäle, die wirklich relevant für mich sind? An der einen oder anderen Stelle finde ich das aber nur dann heraus, wenn ich Verschiedenes getestet habe.

Wie bin ich weiter vorgegangen? **Ich nenne mal den dritten Punkt: Mut für Großes.** Den Mut zu haben, Dinge zu tun, die in einem Segment liegen, das ungewöhnlich ist oder einen abschreckt. Diesen Mut hatte ich weiß Gott nicht immer!

Ich kann mich daran erinnern, wie wir damals bei der Höhle der Löwen angerufen und uns über eine potentielle Zusammenarbeit informiert haben. Das muss man sich mal vorstellen: Als kleines Unternehmen ruft man eine Fernsehproduktionsfirma an. Das ist sicher ein Schritt, bei dem man sagt: Ist die Diskrepanz zwischen dir und dem potentiellen Partner nicht viel zu groß?
Dazu gehören sicher ein Stück Selbstbewusstsein und vielleicht auch ein bisschen Größenwahnsinn. Sicher führt es dazu, dass man in den meisten Fällen eher auf Ablehnung stößt, aber ich empfehle jedem, etwas proaktiver zu sein und offener vorzugehen.
Das ist etwas, was sich heute auf das eigene Business immer noch super übertragen lässt. Wir haben viel zu häufig das Gefühl, dass wir jemanden nicht ansprechen können, weil derjenige viel weiter ist.
Auf Veranstaltungen kommen manchmal Leute auf mich zu, die total nervös sind und mir ganz ehrlich sagen: „Felix, ich bin gerade total nervös. Ich bin ein ganz großer Fan von dir." Da denke ich mir immer: „Hä, warum bist du nervös, wenn du mit mir redest? Ich bin genauso wie du. Warum Fan? Wovon bist du Fan?".
Also man muss einfach mal den Mut haben, Dinge zu tun, die an der einen oder anderen Stelle mal ein wenig anders sind.

Ein vierter großer, wichtiger Punkt ist für mich das Thema Networking. Ich weiß nicht, auf wie vielen Veranstaltungen ich am Anfang meiner eigenen Selbstständigkeit oder Coaching-Tätigkeit war. Gefühlt auf endlos vielen von IHKs, Wirtschaftsverbänden, Wirtschaftsförderungen, Marketing-Clubs und und und.
Bis sich dann irgendwann für mich bestimmte Veranstaltungen herauskristallisiert haben, bei denen ich wusste: Die sind sinnvoller. Die sind weniger sinnvoll. Hier sind immer die gleichen Leute. Da treffe ich jedes Mal andere Leute. Aber Networking ist eben nicht nur das Besuchen von Veranstaltungen, sondern im Idealfall auch das Vernetzen.
Das ist natürlich nicht immer ganz so einfach, weil man ja ein Stück weit auch auffallen und herausstechen will. Das war auch für mich am Anfang relativ schwierig. Beispielsweise bin ich damals mit Hosenträgern auf Veranstaltungen rumgelaufen, denn ich wusste, dass keiner Hosenträger anzieht. Das heißt, wenn ich die trage, falle ich auf. Also steche ich allein äußerlich schon mal ein wenig aus der Masse heraus.
Ich kann mich an eine Situation auf einer Veranstaltung erinnern, bei der ein Herr zu mir kam. Ich stand an der Bar mit meinen Hosenträgern. Er sagte zu mir: „Zwei Kölsch, bitte." Ich habe ihn nur angeschaut. Er sag-

te nochmal: „Ja, zwei Kölsch, bitte." Ich antwortete: „Ja, okay. Kommt sofort." Dann habe ich an der Bar zwei Kölsch bestellt. Die haben mir die zwei Kölsch gegeben und ich habe bezahlt. Der Mann hat mich natürlich etwas seltsam angeschaut. Eins habe ich ihm in die Hand gedrückt, eins habe ich selber in der Hand gehalten. Ich habe ihn angeguckt, ihm zugeprostet und gesagt: „Ja, dann Prost." Er hat einen knallroten Kopf bekommen und meinte: „Oh. Ich dachte, Sie sind hier Kellner." Ich antwortete „Nein, das bin ich nicht. Vielleicht kommt das durch die Hosenträger. Wäre mir vielleicht auch passiert. Ich bin kein Kellner, aber ich bin Felix."

Das war eine Situation, die mir rückwirkend, um es ganz simpel zu sagen, sehr viel Selbstbewusstsein gegeben hat. Weil ich einfach gemerkt habe, dass solche Situationen immer wieder auftreten werden.

Gerade wenn man mit Mitte 20 als Coach oder Trainer unterwegs ist, denkt man sich oft: „Habe ich überhaupt so viel Erfahrung, genug Zertifikate, genug Weiterbildungen? Kann ich das überhaupt so gut wie jemand, der das vielleicht schon viele Jahre lang macht?"

So eine Situation zeigt, dass es ganz häufig darauf ankommt, wie ich mit bestimmten Situationen umgehe. Ich könnte jetzt genug Beispiele aufzählen, in denen ich weniger geplant und vielleicht auch weniger erfolgreich vorgegangen bin.

Das Thema Networking jedenfalls hat mir sehr geholfen, mich mit anderen zu vernetzen, die Offenheit zu haben, andere anzusprechen und zu schauen, was derjenige macht.

Der fünfte Punkt ist das Thema Mehrwert, eines meiner Kernelemente. Wie kann ich etwas schaffen, was für meine Zielgruppe mehr wert ist, als das, was andere schaffen. Oder was noch mehr wert ist als das, was sie vielleicht in irgendeiner Form erwarten.

Das ist auch nicht immer ganz einfach. Gerade in der heutigen Welt, in der sukzessive immer mehr Inhalte produziert werden, ist es natürlich schwierig, Mehrwerte zu schaffen, die sich in irgendeiner Form abheben. Das mag früher etwas einfacher gewesen sein.

Ich war nie der klassische Vertriebler, der einfach nur seine Produkte und Dienstleistungen verkauft hat, sondern ich habe immer überlegt, wie ich durch hochwertigen Content oder durch Tipps, Tricks und Hacks meinem Gegenüber Mehrwert bieten kann.

Mehrwert, der dazu führt, dass man mich als Experten, Wissensgeber oder ähnliches wahrnimmt und darüber dann Interesse geweckt wird, mit mir in irgendeiner Form zusammenzuarbeiten.

Das heißt, ich habe das damals schon versucht, gemacht und getan. Ob ich nun kleine Bücher geschrieben habe, die man heute einfach E-Books nennt oder andere Dinge getan habe, für mich stand immer schon im Vordergrund: Mehrwerte zu produzieren, Dinge und Inhalte zu produzieren, bei denen ich das Gefühl hatte, dass sie anderen helfen.
Ich habe hier für mich persönlich zwei Begriffe geschaffen: Gebius und Nehmius. Der Gebius ist der, der viel gibt und der Nehmius ist der, der viel nimmt. Wir sind uns im Klaren darüber, dass es beide gibt. Gerade im Business-Umfeld stand für mich immer im Vordergrund ein Gebius zu sein, also einer, der mehr gibt als er augenscheinlich bekommt.

Wenn du gibst, dann wirst du Leute haben, die immer nur nehmen. Das ist zwangsläufig so. Aber du wirst auch Leute haben, die sehen, dass du viel gibst und verstehen, dass vielleicht hinter dem ersten Geben noch ein zweites und drittes stehen könnte.
Dadurch kannst du auch dein eigenes Geschäftsmodell sehr schön skalieren. Du kannst sagen: „Hey, guck mal, was du alles schon gelernt und mitgenommen hast. Jetzt stell dir vor, was da alles noch hinter steckt."
Das war für mich ein Faktor, der in dem Fall immer eine sehr große Rolle gespielt hat, wirklich zu sagen: „Okay, ich gebe hier mehr."

Wie würdest du diesbezüglich vorgehen, wenn du heute noch einmal bei null starten müsstest? Welche Strategien würdest du den Lesern empfehlen, um Reichweite und Bekanntheit aufzubauen?

Um Reichweite und Bekanntheit aufzubauen gibt es natürlich tausende Möglichkeiten. Ich will mich gerne auf vier Dinge konzentrieren, dich ich an dieser Stelle ein bisschen in den Vordergrund stelle, die ich nutzen würde, wenn ich mich noch einmal an den Anfang zurückbegeben würde.

Der allererste Punkt, erst mal etwas spießig formuliert: Suchmaschinenoptimierung. Ich meine explizit Suchmaschinenoptimierung, keine Facebook-Ads oder Google Adwords. Der Großteil meiner persönlichen Anfragen für mein Business erfolgt weiterhin über organische Suchanfragen bei Google oder YouTube. Das heißt Menschen, die nach konkreten Fragestellungen suchen. Sei es, weil sie einen Redner buchen wollen, einen Keynote-Speaker oder eine Unternehmensberatung in Düsseldorf.

Mit Hilfe einer ausgiebigen, intensiven und nicht oberflächlichen Keyword-Recherche kann ich die relevanten Keywords heraussuchen, die meine Zielgruppe nutzt, um mich als potentiellen Dienstleister zu buchen. Egal ob ich Coach, Speaker oder Trainer bin. Deswegen würde ich extrem viel Arbeit in die Suchmaschinenoptimierung stecken. Ich würde mir genau Gedanken dazu machen, wie ein potentieller Blog auf meiner Seite aussehen müsste. Auch wenn der ein oder andere jetzt vielleicht sagt: „Wofür brauche ich heute noch einen Blog?“ Wie müssten Videos aussehen, die Mehrwerte transportieren?
Auf der einen Seite müssen sie hochwertigen Inhalt aufweisen. Auf der anderen Seite müssen sie sowohl für den YouTube-Algorithmus, als auch für Google, so optimiert sein, dass ich damit sehr gut gefunden werde.
Wenn ich diese Begriffe analysiert habe, würde ich den entsprechenden Content produzieren und Artikel und Videos im Nachgang so optimieren, dass sie auch gefunden werden. Was gibt es Schöneres, als über organische Suche, Traffic oder ähnliches zu generieren? Dafür muss ich im ersten Schritt kein großes Budget ausgegeben haben, sondern die entstehen quasi organisch und kommen ohne Werbe-Intention auf meine Seite.
Das hat zwei Vorteile. Ich spare mir erstens Budget und zweitens ist meine persönliche Erfahrung, dass die Suchenden, die über organische Treffer auf meine Seite gekommen sind, länger dableiben als über Werbeanzeigen. Das ist auch wieder gut für die Suchmaschinenoptimierung. Außerdem haben diese Suchenden häufig eine tiefergehende Such-Intention. Das heißt, ich habe hier eine höhere Abschlussquote und eine bessere Conversion. Ich würde mir zur Suchmaschinenoptimierung also extrem viele Gedanken machen und meine Seite so aufbauen, dass es da eben entsprechend gut vorangeht.

Ein zweiter Punkt ist, dass ich mich an Größere dranhängen und mit ihnen kooperieren würde. Ich würde mir Vorbilder suchen und mir überlegen, wie ich eine Verbindung zu ihnen herstellen kann.
Wie schaffe ich es, dass ich mich von deren Strahlkraft ein Stück weit mitziehen lassen kann? Sei es, dass ich anbiete, in bestimmten Situationen kostenlos zu helfen oder mitzuarbeiten. Beispielsweise als Hostess auf einer Messe, bei einem Praktikum, als Unterstützung bei einer Keynote oder als Sidekick bei einem Training.
Was man dafür aber haben muss, ist die Offenheit jemanden anzusprechen und ihm in dem Moment helfen zu können. Das betrifft aber auch andere Bereiche, wie zum Beispiel Social Media. Zu sagen: Ich spreche

jemanden an, ob er Zeit hat, ein Instagram-Live oder ein YouTube-Video mit mir zu machen, ob ich seine besten Tipps haben darf oder ob ich ihn für meinen Blog interviewen kann.
Die Möglichkeiten sind sehr vielfältig. Auch wenn ich diesen pyramidenförmigen Aufbau von bestimmten Branchen nicht mag: Manchmal hilft der Blick nach oben. Man sollte sich die Frage stellen: Warum ist derjenige dort, wo er jetzt gerade ist? Welche Schritte haben dazu geführt? Man kann denjenigen natürlich auch persönlich fragen: „Warum bist du dort hingekommen? Und was hast du gemacht?“

Der dritte Punkt ist, dass ich Menschen meine Dienstleistungen, meine Trainings und Vorträge testen lasse. Ich mache bei ganz vielen Speakern, die ich in meinem Coaching oder Mentoring habe, immer wieder die Erfahrung, dass sie das Gefühl haben, der erste Auftrag bringe ihnen 5.000 Euro. Das ist der völlig falsche Ansatz.
Meine Anfänge sahen so aus, dass ich von Dorf zu Dorf gehüpft bin und kostenlose Vorträge gehalten habe. Für mich ging es in erster Linie darum, dass ich eine Menge mitnehme, dass ich erstmal für mich selber lerne und das vielleicht als Akquise-Medium nutze, um Referenzen und Video-Material zu bekommen.
Hier würde ich also sagen, dass man die Offenheit besitzen muss, neue Dinge auszuprobieren und manche Leistungen kostenlos anzubieten. Das bedeutet jetzt nicht zwangsläufig, dass ich jeden Tag 30 Leute umsonst coachen sollte. Aber gerade am Anfang ist das ein sehr guter Mechanismus, um seine eigenen Dienstleistungen ein wenig zu testen.

Der vierte Punkt ist, dass ich mir ein einzigartiges Programm überlegen würde, am besten in Kombination mit einer einzigartigen Positionierung. Wir müssen uns im Klaren darüber sein, dass es immer mehr Menschen gibt, die sich in diesen Trainer-, Coaching- und Speaker-Markt reindrängen. Der Platz wird immer enger. Hier kannst du dich nur behaupten, wenn wahrnehmbar ist, wofür du stehst und das dein Programm etwas Besonderes hat.
Setz’ dich mit Thematiken wie dem USP, aber auch mit dem UAP, also dem Unique Advertising Proposition, auseinander. Mache dir Gedanken, wie du bestimmte Dinge in den Vordergrund stellen kannst, um dich von Anderen abzuheben.
Es ist natürlich nicht immer einfach, eine einzigartige Darstellung zu finden, gerade in der Zeit, in der man für alles bereits einen Experten hat. Aber: Muss dein Online-Programm genauso aussehen, wie es bei

anderen der Fall ist? Oder kannst du Dinge dort anders machen, um aufzufallen? Kannst du es auch anders vermarkten? Kannst du neue Kanäle nutzen?
Irgendwann gab es immer denjenigen, der sich etwas als erstes überlegt hat. Derjenige solltest du sein. Das finde ich einen sehr hilfreichen Gedanken, der einen sehr gut weiterbringen kann.

Kommen wir zu den letzten zwei Fragen. Wie wichtig sind für dich digitale Produkte als Ergänzung in deinem Produkt-Portfolio? Und wie schätzt du deren zukünftige Bedeutung ein?

Was wäre ich für ein Coach und Berater, wenn ich sagen würde, dass sie nicht wichtig sind. Natürlich sind digitale Produkte wichtig und ich glaube, dass die zukünftige Bedeutung immer größer wird.
Wir leben im Zeitalter der Digitalisierung, der digitalen Transformation. Alte, ursprünglich analoge Offline-Konzepte werden zunehmend disruptiert. Gerade wenn ich Vorträge zum Thema Digitalisierung halte, ist das ein Thema, mit dem ich mich sehr intensiv auseinandersetze. Das heißt, es wird immer wichtiger, Dienstleistungen dort anzubieten. Während ich früher fast den ganzen Tag im Büro saß und Beratungsgespräche geführt habe, reden wir heute über Online-Trainings etc.
An der Stelle finde ich es wichtig, dass man sich im Klaren darüber ist, wie man da genau vorgeht. Ich kann digitale Produkte natürlich als Ergänzung zu meinem Offline-Programm nutzen. Natürlich kann ich sie auch als sogenannte Stand-Alone-Lösungen nutzen. Das heißt, dass ich vielleicht gar keine Offline-Lösungen mehr anbiete, so wie beispielsweise Vorort-Beratungen.
Es hängt aber auch immer sehr stark vom Kunden ab. Ich habe viele Großkonzerne, DAX-Unternehmen, große Banken, Telekommunikationsunternehmen, die logischerweise immer noch darauf setzen, ihren Speaker vor Ort zu haben, die ihre Events immer noch vor Ort machen und die noch weit davon entfernt sind, die Events in Online-Events zu transferieren.
In dem Bereich wird sich aber noch eine ganze Menge tun. Der gesamte Beratungsmarkt verändert sich sehr stark. Man merkt, dass es immer mehr Konkurrenz, digitale Lösungen, Programme und Seminare gibt. Ich glaube, dass wir da noch ganz am Anfang sind und dass sich aufgrund von künstlicher Intelligenz, Virtual Reality und Augmented Reality, die Dinge noch zunehmend verändern werden. Zum Beispiel, dass wir mit

VR-Brillen zuhause auf der Couch sitzen und uns da die neusten Seminarinhalte ansehen oder mit Händen in der Luft zeichnen, um Seminarinhalte auszuwählen oder mit unserem Speaker zu kommunizieren.
Aber das ist nicht in allen Bereichen gleich. Gerade wenn ich über intensive Trainings rede, zum Beispiel bei Firmen und Unternehmen, dann werden diese sicher noch eine Zeit lang offline stattfinden. Während Kurz-Coachings, kleine Impulse im Sinne von Webinaren oder Online-Trainings, sicher zunehmend und irgendwann vielleicht nur noch digital stattfinden.
Für mich als Speaker, als Keynote-Speaker, ist meine Haupttätigkeit aber definitiv noch offline. Logischerweise nehme ich an Online-Kongressen teil, aber wenn ich über meine großen Aufträge rede, bei Firmen oder auf großen Kongressen, dann ist das noch Old School und offline. Aber der Markt wird sich hier noch verändern. Deshalb finde ich es wichtig, sich mit beiden Seiten intensiv zu beschäftigen. Kann ich beide bespielen? Macht das Sinn, beide zu bespielen? Sollte ich beide voneinander trennen? Oder macht es Sinn, das eine als Ergänzung zum anderen zu sehen? Das sind ganz klassische Geschäftsmodell-Fragen, die ich mir hier als Coach, Trainer, Berater stellen muss und dann einfach schauen sollte, wie ich bestmöglich vorgehe.

Du warst mehrfach als Referent auf unseren Events. Welche Bedeutung haben solche Auftritte als Speaker auf externen Events für dich? Welchen Nutzen ziehst du daraus? Beziehungsweise, warum sollte jemand, der als Speaker/Trainer/Coach erfolgreich sein will, sich bemühen, solche Gastauftritte zu bekommen?

Der allerwichtigste Punkt ist natürlich der, um den es hier auch generell ging: Reichweite erhöhen. Wenn ich auf solche Events gehe, dann kann ich meine Reichweite erhöhen, allein dadurch, dass ich einfach wesentlich mehr Menschen um mich herum habe, mit denen ich mich connecten kann.
Das Connecten kann natürlich sehr unterschiedlich aussehen. Wir müssen auch ehrlich sein: Nicht jedem liegt es, auf solchen Events zu netzwerken. Für mich ist die Teilnahme an solchen Veranstaltungen aber einfach aufgrund meines eigenen Unternehmensaufbaus ein ganz großer Bestandteil meines täglichen Tuns.
Darüber hinaus finde ich es auch wichtig, dass ich dort die Möglichkeit habe, mich mit Gleichgesinnten auszutauschen. Das heißt, andere nicht

als Konkurrenz zu betrachten, sondern zu sagen: Hey, hier treffe ich andere Coaches oder Speaker und kann mich mit denen austauschen. Wie machst du die Abrechnung mit deinen Kunden? Was rechnest du da und dafür ab? Mit welchen Tools arbeitest du?
Wenn du da Leute findest, mit denen du auf einer ehrlichen, offenen, Eins-zu-eins-Ebene kommunizieren kannst, dann wird dich das in deinem eigenen Business sehr weit nach vorne treiben.
Mir hilft es heute noch, mich mit Anderen auszutauschen, wenn ich Business-Trips organisiere oder andere Speaker in meinem Mentoring habe. Jedes Mal tausche ich mich mit denen aus und versuche, andere auch an meinen Erfahrungen teilhaben zu lassen. Das sind die Momente, in denen die Leute Blatt und Stift rausholen und anfangen, sich die Sachen aufzuschreiben. Man kann von nichts besser lernen, als von der Erfahrung, die andere schon gemacht haben. Dadurch kann ich von der Schnellstraße auf die Autobahn wechseln und den einen oder anderen einfach überholen, der diese Erfahrungen noch machen muss.
Was ich als Speaker auch wichtig daran finde, auf solchen Events zu sein, ist, sich andere Vorträge anzuschauen. **Ich kann mich am besten positionieren, wenn ich weiß, wie die Konkurrenz aufgestellt ist. Eine gute Positionierung führt natürlich auch zur Differenzierung vom Wettbewerb.** Wenn ich nicht weiß, wie der Wettbewerb positioniert ist, dann fällt es mir auch schwer, mich zu differenzieren. Wenn ich aber weiß, wie andere ihre Vorträge halten, dann ist es für mich wesentlich einfacher, mich von ihnen abzuheben.
Darüber hinaus finde ich es auch sehr interessant zu sehen, welchen Vortragsstil andere verwenden. Wie gehen sie vor? Wie eröffnen sie ihre Keynote? Wie interagieren sie mit dem Publikum? So kannst du ja jedes Mal lernen und dich selber ein Stück weit benchmarken.

Als letzten Punkt zu dieser Frage fällt mir ein, dass man den Input auch selber konsumieren kann. Das heißt, ich gehe zwar hin, um zu lernen und mich auszutauschen, aber ich kann auch den Inhalt, den andere transportieren, für mein eigenes Business nutzen.
Wenn ich zum Beispiel auf einem Marketing-Kongress oder auf Veranstaltungen wie der Contra bin, dann halte ich zwar meinen eigenen Vortrag, aber ich kann mir andere Vorträge genauso anhören und ein Gefühl dafür kriegen, welche Informationen ich noch nicht hatte.
Das heißt, ich gehe darüber hinaus auch als Besucher hin und ziehe daraus einen Nutzen. Ich habe die Möglichkeit, mich mit anderen auszutauschen und ich habe den Nutzen, meine eigene Reichweite auszuwei-

ten. Gerade wenn es dann um Gastauftritte geht und ich die Möglichkeit habe, mich hier als Speaker oder Experte zu positionieren, ein erstes Feedback einzusammeln, zu sehen, wie ich beim Publikum ankomme, um mich jedes Mal ein Stück weit zu verbessern und zu optimieren.
Ich finde, das sind Dinge, die bei solchen Events ganz stark im Vordergrund stehen. Immer wenn ich zu solchen Veranstaltungen gehe, stelle ich mir vorher die Frage, was das Ziel meines Besuches ist. Was könnte ich erreichen und was sind die Schritte, mit denen ich mich nach oben arbeiten kann.
Das ist ein bisschen wie bei Super Mario, wo ich mich irgendwann dem Endgegner nähere, nachdem ich mich durch die vorherigen Level durchgearbeitet habe. So komme ich sukzessive mit meinem eigenen Business immer weiter nach vorne und werde nachher für mich merken: Hey, ich bin ein erfolgreicher Coach, ein erfolgreicher Trainer oder ein grandioser Speaker.

RENÉE
Moore

Be Unstoppable!

Renée

14
RM
Renée
Moore

Big Business: Setze dir große Ziele und mache jeden Tag einen kleinen Schritt in diese Richtung

Ein Interview mit Dr. Renée Moore

Nimm uns kurz mit in deine persönliche Geschichte. Wie hat alles angefangen? Was hat für dich den Ausschlag gegeben, dass du Speaker/Trainer/Coach geworden bist?

Das ist eine gute Frage. Wie viele wissen, bin ich ein Bauernmädchen aus Texas. Meine Familie war sehr arm, sodass wir manchmal nicht einmal genug zu essen hatten. Ich habe immer die alten Kleider von meinem Cousin oder andere Second-Hand-Kleidung getragen.
Ich erinnere mich, dass ich mit fünf Jahren sagte, dass ich ein anderes Leben führen möchte. Ein anderes als das, was das Schicksal mir gegeben hatte. So habe ich einfach entschieden, mich nicht aufhalten zu lassen und meinen eigenen Weg zu gehen. Dieser Weg bedeutete für mich, die Universität zu besuchen. Die ist in den USA leider sehr teuer. Für einen Bachelorabschluss, zum Beispiel, kannst du mit 200.000 Dollar rechnen. Für uns absolut unbezahlbar.

Ich wusste also, dass ich ein Stipendium bekommen muss, damit ich studieren und mir ein besseres Leben aufbauen kann. Dafür habe ich mit zwölf Jahren angefangen zu arbeiten.
In der sechsten Klasse bin ich um vier Uhr morgens aufgestanden, um ausgiebig zu lernen, da ich nicht die schlauste Schülerin in der Klasse war. Ich musste aber die besten Noten schreiben, da nur die Schulbesten in der zwölften Klasse das beste Stipendium bekommen.
Deswegen bin ich jeden Morgen so früh aufgestanden, damit ich lernen und die besten Noten schreiben konnte. Das habe ich geschafft: Zwischen der sechsten und zwölften Klasse war ich auf dem ersten Platz

unter allen Schülern. Ab meinem sechzehnten Lebensjahr habe ich als Schülerin bereits einen Job gehabt. Von morgens um acht bis nachmittags um 14 Uhr war ich in der Schule, danach habe ich gearbeitet.

Einer meiner ersten Jobs war die Kaltakquise am Telefon. Mit 17 Jahren war ich dadurch schon eine Expertin auf diesem Gebiet. Die erste Hälfte des Tages war ich Schülerin, von 15 bis 21 Uhr habe ich gearbeitet und bin dann um vier Uhr morgens wieder aufgestanden, um zu lernen.
Ich bin überzeugt davon, dass unser Erfolg in unseren eigenen Händen liegt. Wir können alles erreichen, wenn wir bereit sind, etwas dafür zu tun. An das schnelle reich werden glaube ich nicht. Was ich glaube ist, dass du ein großes Ziel brauchst, auf das du hinarbeiten kannst.
Mein Ziel habe ich erreicht: Ich war in der High School die beste Schülerin. Danach habe ich mit meinem Bachelor angefangen, für den ich schon um zwei Uhr nachts aufstehen musste. Von acht bis 15 Uhr war ich in der Universität. Nach der Uni habe ich als Mikrobiologin gearbeitet und musste abends um neun Uhr ins Bett gehen. Schließlich bin ich um zwei Uhr wieder aufgestanden, um zu lernen.

Ich denke, dass man klug arbeiten muss und dabei alles geben sollte, was nötig ist, um sein Ziel zu erreichen. Mit 27 habe ich als Neurobiologin promoviert. Ich war das erste Mädchen an der Universität in San Antonio, Texas, mit einem Doktortitel in Neurobiologie.
Danach habe ich in der Pharmaindustrie als "Deal Closer" gearbeitet. Meine Aufgabe war es, Geschäfte im Wert von mehreren Millionen Euro zum Abschluss zu bringen. Mit 28 Jahren habe ich entdeckt, was unsere Kunden brauchten, damit sie ein Angebot annehmen. Positionierung spielt hierbei eine wichtige Rolle, denn ich wusste bereits zu dieser Zeit, dass ich unser Angebot positionieren musste, damit die Kunden es annehmen.

Im Alter von 32 Jahren hat mich ein Mitbewerber nach Deutschland geholt. So bin ich für diesen Job gemeinsam mit meiner Katze und einigen Koffern von Austin, Texas, nach Solingen, NRW, gezogen. Dieser Job war sehr hart und zunächst eine Katastrophe für mich.
Die Firma, die mich abgeworben hatte, besaß keine Niederlassung in Deutschland, sprich, ich habe mich anderthalb Jahre als Ausländerin illegal in Deutschland aufgehalten. Hinzu kam, dass die Arbeit sehr schwer war.

18 Monate später saß ich an meinem Arbeitstisch und habe meinen Puls gemessen. Es war ein Dienstagnachmittag, 13 Uhr, und mein Puls, der normalerweise 62 Herzschläge pro Minute beträgt, war in diesem Moment bei 106 Schlägen pro Minute. Ich hatte so viel Stress, dass ich meinen Job kündigte.
Ich war nun arbeitslos und lebte als „illegal Alien" in Deutschland, ohne ein Wort Deutsch zu sprechen. Was sollte ich jetzt tun? Den Schwanz einziehen und wie ein „geprügelter Hund" nach Texas zurückgehen? Dort sagen: „Es tut mir leid, es war ein Fehler. Darf ich mein Haus, meinen Job und meinen Mann zurück haben?" Dafür war ich zu stolz. Das war keine Option. Eine Überlegung war, mir einen Job zu suchen, der weniger gut bezahlt wird. Immerhin hätte ich dann wieder einen Job. Oder aber, ich mache mich selbstständig.

Ich habe die letzte Variante gewählt und mit 35 Jahren meine eigene GmbH in der pharmazeutischen Industrie aufgebaut.
Ich hatte eine super Idee in einem Nischenmarkt. Es gab in Europa sehr viele kleine Firmen meiner Art, aber ich hatte als Einzige die Idee, eine Firma für klinische Forschung in "Emerging Markets" aufzubauen.
Die erste Firma hatte ich in Deutschland, weil ich dieses schöne Land liebe und auch dort bleiben wollte. Danach habe ich eine neue Firma in Indien aufgebaut. Es folgten weitere in Argentinien, Chile, Indien, Hongkong, Panama und Mexiko. Dem folgten zwei Firmen in der Schweiz - eine Holding, also eine AG und eine GmbH.
Ich habe zwischen meinen 35. und 39. Lebensjahr insgesamt zehn verschiedene Firmen in neun Ländern aufgebaut und mit 40 Jahren für einen guten Preis verkauft. Ich weiß also, wie Big Business geht.

Als ich die Firmen verkauft hatte, habe ich mich gefragt: „Was mache ich jetzt? Ich kann nicht einfach nur in der Hängematte liegen, bis ich 65 Jahre alt werde."
So hatte ich die Idee, mehr für die Menschen in Deutschland, Österreich und der Schweiz zu tun. Ich habe eine Unternehmerakademie aufgebaut und Sprecher-Workshops angeboten, sodass ich meine Geschäftserfahrung zusammen mit meinen Werkzeugen weitergeben konnte. Ich wollte meine eigenen Systeme weitergeben, mit denen ich als Frau in Deutschland so erfolgreich geworden war. Seit meiner Kindheit bin ich es gewöhnt, als Moderatorin auf der Bühne zu stehen - kein Witz. Das erste Mal betrat ich die Bühne im Kindergarten und habe mein Talent dafür entdeckt.

Das hat sich weiter durchgesetzt - ich bin bis heute auf den Bühnen unterwegs, war bisher schon in 23 Ländern und halte seit 17 Jahren professionelle Vorträge als Top-Speakerin.
Ich weiß, dass "Mama Universe" mich nach Deutschland geschickt hat und dass alles, was ich in meinem Geschäftsleben gemacht habe, nicht das Ende ist. Ich biete sehr gute Werkzeuge an, um Menschen helfen zu können, erfolgreicher in ihrem Leben und Business zu sein.

Die zweite Frage hast du teilweise schon beantwortet. Du bist ursprünglich aus den USA, genauer aus Texas. Welche Hindernisse haben sich für dich dadurch auf deinem Erfolgsweg ergeben? Und wie hast du diese Hindernisse gemeistert?

Ich habe viele Tipps zu diesem Thema. Tipp Nummer eins: Träume groß. Ich habe einfach niemandem erlaubt, mich einzuschränken. Ich hatte immer den Gedanken, dass ich ein großartiges Leben führen möchte. Ich wollte etwas erreichen und habe wirklich groß geträumt. **Be unstoppable in your goals! Setze dir große Ziele und mache jeden Tag einen kleinen Schritt in diese Richtung.**

Ich erinnere mich daran, dass ich mit 13 Jahren zu meiner Mutter gesagt habe: „Mama, ich will einen Doktortitel in Biologie haben." Mir war dieses Ziel schon früh bewusst. Manchmal träumen wir groß, bekommen aber in unserem Kopf eine Blockade: Das ist zu groß, das kann ich nicht schaffen. Das Geheimnis ist, Schritt für Schritt in "Inperfect Action" zu leben.

Perfektion musst du hinter dir lassen, das ist der nächste Tipp. Wenn du einen falschen Schritt gehst, wie es mein erster Job in Deutschland war, dann gehe einfach einen Schritt nach links und immer weiter vorwärts. Wichtig ist auch, dass du deine Umgebung wahrnimmst. Umgib' dich mit Leuten, die dich unterstützen. Das ist ein großer Fehler, den die Menschen machen. Wir haben viele Leute in unserer Umgebung, die neidisch sind und uns deswegen nicht unterstützen. Wir müssen in unserer Umgebung Menschen haben, die uns lieben, unterstützen und zu besseren Menschen machen.

Kannst du dich noch an deinen ersten Kunden oder deinen ersten Auftrag erinnern? Und wie hast du ihn akquirieren können?

Als ich meine pharmazeutische Firma aufgebaut habe, kümmerte ich mich allein um alles. Ich sage immer, dass es am Anfang eine Drei-Personen-Firma war: Me, myself and I! Diese drei Personen und die Katze: Ergibt zusammen vier.
Mein Start war mein eigener Schreibtisch, die eigene Positionierung, eine E-Mail-Broschüre und das Telefon.
Ich habe jeden Tag zehn Kunden angerufen. Ich musste vorbereitet sein. Wenn ich Novartis oder GlaxoSmithKline angerufen habe, hat die Vorbereitung gut eine Stunde gedauert. Der Auftrag war für fast 800.000 Euro ein Projekt in China. Um diesen Auftrag zu gewinnen, musste ich sehr strategisch vorgehen.

Der erste Schritt ist, perfekt positioniert zu sein, damit ich für meine Kunden einzigartige Projektergebnisse liefern konnte. Meine Mitbewerber waren Firmen mit 5.000 Mitarbeitern und mehr. Ich hatte lediglich eine kleine Firma und einen Partner in China. Aber ich habe einfach die beste Lösung, die beste Strategie und die beste Positionierung für meine Kunden entwickelt. Sie haben mir vertraut, dass ich das liefern konnte. Und ich habe geliefert.
Beim nächsten Vertrag handelte es sich um ein Projekt über 8,5 Millionen. Es handelte sich um ein großes Projekt in Argentinien und Panama mit meinem eigenen Team. Ich hatte es geschafft.

Wie bist du anschließend weiter vorgegangen mit deinem Business? Wie hast du an Reichweite und Bekanntheit gewonnen? Welche Marketingstrategie hast du eingesetzt?

Das Alpha und Omega von Business-Erfolg ist die Positionierung. Wir müssen unsere Glaubwürdigkeit aufbauen und Ergebnisse zeigen. Positionierung ist entscheidend für den Geschäftserfolg. Ich arbeite mit unterschiedlichen Marketingstrategien, beispielsweise mit Newslettern. 2005 habe ich schon Newsletter an die pharmazeutische Industrie geschickt, bevor andere Leute wussten, was das überhaupt ist. Allerdings sind Newsletter nicht mein Nummer eins Marketingwerkzeug. Meine Nummer eins seit ewigen Zeiten, ist “Speaking” - auf der Bühne zu sein.

In der pharmazeutischen Industrie war ich immer bei Fach-Konferenzen auf der Bühne, damit die Leute mich als die Expertin auf diesem Gebiet kennenlernen konnten. Also sprechen, sprechen, sprechen. Die ganze Welt ist eine Bühne. Wichtig ist zu wissen, wie du einen Vortrag so aufbaust, dass du Kunden gewinnst. Ich weiß, wie man einen Vortrag hält und das bringt die Kunden im nächsten Schritt zu mir. Wie gesagt, die komplette Welt ist eine Bühne, ebenso wie ein Kundentreffen, ein Webinar, ein Vortrag und auch ein Interview.
So bringe ich die Kunden Schritt für Schritt in Kontakt mit mir. Dann pflege ich diese Beziehungen und bringe die Kunden dazu, mit mir zusammenzuarbeiten.

Wie würdest du diesbezüglich vorgehen, wenn du heute nochmal bei null starten müsstest? Welche Strategien würdest du den Lesern empfehlen, um Reichweite und Bekanntheit aufzubauen?

Ich würde mich groß positionieren und häufig auf der Bühne stehen. Sich selbst zu positionieren ist natürlich nicht immer einfach. Heute funktioniert das ganz anders. Es gibt viele Arten von Strategien und Positionierungen. Durch die Zusammenarbeit mit einem Experten oder einer Expertin kann man entdecken, was in einem steckt. Man muss es für sich herausfinden und genau formulieren. Das ist das Alpha und Omega für den Geschäftserfolg. Ohne den ersten Schritt, also groß genug positioniert zu sein, wird die Arbeit erschwert. Du gewinnst viel mehr Kunden, wenn du von Anfang an richtig positioniert bist.

Wie wichtig sind für dich digitale Produkte als Ergänzung zu deinem Produktportfolio? Wie schätzt du deren zukünftige Bedeutung ein? Du hast ja einen Kurs.

Ja, ich habe mehr als einen Kurs. Zusätzlich habe ich eine CD als digitales und eine Unternehmerakademie als Online-Produkt. Ich biete Präsenzseminare und Workshops zum Thema Positionierung, Speaking und Vertrieb an, die es auch als digitale Produkte online gibt.
Es gibt Leute, die Präsenzseminare lieben und vor Ort dabei sein wollen und es gibt Leute, die lieber zuhause für sich allein, in ihrem eigenen Tempo das Online-Produkt durcharbeiten wollen. Sie möchten ihren eigenen Rhythmus bestimmen. Somit gibt es für mich zwei spezifische Zielgruppen für meine Produkte. Es ist sehr wichtig, beide Gruppen zu

bedienen, denn die Zukunft liegt in beiden Gruppen und nicht nur bei der digitalen.
Es gibt immer Leute, die die Struktur eines Präsenzseminars brauchen und diese kommen zum Seminar.

Du warst mehrfach als Referentin auf unseren Events, also von Digital Beat, dabei. Welche Bedeutung haben solche Auftritte als Sprecher auf externen Events für dich? Welchen Nutzen ziehst du daraus? Warum sollte jemand als Speaker, Trainer oder Coach, der erfolgreich ist, sich bemühen, solche Gastauftritte zu bekommen?

Ich danke euch, dass ich so oft eingeladen werde. Es ist eine große Freude für mich, dabei zu sein. Auch solche Events sind mir sehr wichtig und dafür gibt es verschiedene Gründe, durchaus auch persönliche. Wie ich schon sagte, möchte ich in Deutschland, Österreich und der Schweiz so vielen Menschen wie möglich helfen, ihr Leben positiver zu gestalten und im Geschäftsleben erfolgreicher zu sein. Deswegen bin ich unendlich dankbar, dass ich bei so vielen Live-Events dabei sein durfte, bei denen ich meine Buchempfehlungen, meine Werkzeuge und alle meine Herzensthemen an andere Menschen weitergeben konnte.
Ich finde, dass man gerade bei solchen Live-Events und Online-Kongressen als Referentin Reichweite erzielt. Dafür bin ich wirklich dankbar, denn es hilft mir, meinen Lebenszweck zu erfüllen. Zusätzlich erreiche ich 90 Prozent meiner Kunden für meine ausverkauften Workshops und Events gerade bei solchen Live-Auftritten. Das ist mein "Nummer eins-Werkzeug": Ich nähere mich Schritt für Schritt meinen Kunden an, baue das Vertrauen auf und liefere in meinen Vorträgen und bei Online-Events Ergebnisse, sodass die Zuhörer mehr von mir haben möchten. Das ist mir sehr wichtig für mein Business, aber auch für meine persönliche Mission.

Fasse uns doch noch einmal kurz zusammen: Was sind deine Tipps und Empfehlungen für bessere Geschäfte und Lebensstrategien? Was hast du in deinem Leben beruflich und privat gelernt und was möchtest du als die besten Tipps für die Leserinnen und Leser jetzt noch zusammenfassen?

Entdecke zuallererst das, was dich so einzigartig macht. Deine Einzigartigkeit ist sehr wichtig und diese musst du in deine Positionierung mit einbringen. Wir brauchen eine Positionierung im Expertenstatus. Dein Expertenstatus und deine Glaubwürdigkeit haben mit deiner Einzigartigkeit zu tun. Entdecke, was dich so einzigartig macht und drehe die Lautstärke hoch.

Als nächstes, lasse das Thema Perfektionismus hinter dir. Setze dir große Ziele und schreite mit "Imperfect Action" in Richtung deiner Ziele. Du bist wunderbar, du bist wertvoll, dein Traum ist wertvoll. Mache einfach dein Ding. Was ist deine Botschaft an die Welt?
Benutze Online-Marketing und Social Media und nutze jede Bühne, um deine Botschaft zu verbreiten und an dein Publikum zu adressieren. Jeder von uns hat etwas, das ihn einzigartig macht. Wenn du nicht weißt, was das ist oder du nicht weißt, wie du das in dein Geschäft einbringen kannst, finde einen Experten, der dir dabei hilft.
Mut zu haben, ist ein wichtiges Thema. Mut zu haben, sein eigenes Ding zu machen.

Lebe deine Träume!

Jürgen Höller

Alles ist möglich: Aus der Pleite zum Experten

Ein Interview mit Jürgen Höller

Nimm uns kurz mit in deine persönliche Geschichte. Wie hat alles angefangen? Und was hat ergeben, dass du Speaker/Trainer/Coach geworden bist?

Alles ging damit los, dass ich im Alter von 19 – 21 Jahren vier Geschäfte eröffnete. Damit habe ich mich aber total verzettelt, sodass ich mit 22 zum ersten Mal vor der Pleite stand. Deshalb kaufte ich ein paar Bücher in die Hand bekommen, unter anderem "Sorge dich nicht - lebe" von Dale Carnegie, "Denke nach und werde reich" von Napoleon Hill, "Die Macht Ihres Unterbewusstseins" von Dr. Joseph Murphy und "Lebe begeistert und gewinne" von Frank Bettger.

Durch diese Bücher begann ich, einiges zu verändern und zu verbessern. Für 149 Mark besuchte ich bei der IHK Würzburg in Schweinfurt ein Seminar für Verkaufstraining. Ab dem Zeitpunkt nahm ich an einem Seminar nach dem anderen teil. Von meinen vier Geschäften konnte ich dann noch eines halten, das Fitnessstudio.
Ich hatte eine Millionen Mark Schulden aus allen vier Geschäften, aber ich konnte in kurzer Zeit beginnen, die Schulden abzutragen.
Mit einigen Partnern habe ich dann zusammen das Fitnessstudio Fit & Fun eröffnet, welches in Deutschland sehr erfolgreich wurde. 1989 hatten wir schon 2.560 Mitglieder mit 79 Mark Monatsbeitrag.

Anschließend habe ich begonnen, andere Fitnessstudios zu beraten, wie sie erfolgreich werden können. Ich hatte es ja geschafft, zur Nummer eins zu werden. Das war der Beginn der Inline Unternehmensberatung

und darum entwickelte sich die INJOY-Fitnesskette. Mittlerweile gehört alles zum Migros Konzern in der Schweiz.
Danach begann ich, die ersten Seminare für die Inhaber und Mitarbeiter der beratenden Firmen zu geben. Insgesamt eröffnete ich sechs Unternehmensberatungen: Eine spezialisiert auf Arztpraxen, eine auf Fahrschulen, eine auf IT-Betriebe und so weiter. Ich schulte die Inhaber und Mitarbeiter, wodurch die Beratungen sehr erfolgreich wurden.
Zum 01.01.1995 gab ich alle Unternehmensberatungen an meine Partner ab und stieg komplett aus. Mit einer Halbtagssekretärin begann ich auf 40 Quadratmetern Bürofläche dann ganz von neu.
Innerhalb von fünf Jahren war Inline eine Aktiengesellschaft, die Inline Motivations AG. Wir waren Branchenführer, füllten die größten Hallen und machten schon damals einen achtstelligen Jahresumsatz. Das war der Start.
Der Erfolg gründete darin, dass ich selbst festgestellt hatte, wie viel Lernen und angewandtes Wissen in kürzester Zeit verändern können. Ich war wieder schuldenfrei und konnte von meinem Verdienten richtig gut leben. Dies wollte ich an möglichst viele Menschen weitergeben. Erst in der Unternehmensberatung, im Coaching und dann als Trainer.

Kannst du dich noch an deinen ersten Kunden/Auftrag erinnern? Und falls ja, wie hast du ihn gewinnen können?

Ich kann mich noch sehr gut an meinen ersten Kundenauftrag als Unternehmensberater erinnern. Ich wurde damals für den Branchenkongress "Bodylife" engagiert, allerdings ohne Honorar. Er fand immer in Baden Baden statt und die besten Coaches, Trainer und Fitnessstudiobesitzer weltweit kamen dorthin. Ich hielt damals einen Vortrag über Verkäufe im Fitnessclub, der wie eine Bombe einschlug.
Ich werde nie vergessen, wie mein erster Kunde Manfred Philipp aus Münsingen zu mir kam und mich gleich vom Fleck weg für sein Fitnessstudio engagierte. Er hatte ein ganz kleines Fitnessstudio in Münsingen auf der schwäbischen Alb, das nicht so gut lief. Ich habe ihn über mehrere Jahre beraten, er hat sein Studio neu aufgebaut und dann sogar das zweite eröffnet. Mittlerweile ist sein Studio, soweit ich weiß, zu einer der größten Ketten Deutschlands geworden, mit 25 oder 30 Fitnessstudios.

Wie bist du anschließend weiter vorgegangen? Wie hast du an Reichweite und Bekanntheit gewonnen, welche Marketing-Strategien hast du eingesetzt?

Das, was ich machte, um in der Unternehmensberatung groß zu werden, setzte ich später auch als Trainer um. Ich hielt bei Tagungen, Kongressen und Begleitprogrammen von Messen möglichst viele Vorträge. Ich versuchte, in Firmen reinzukommen, bei denen ich vor möglichst selbstständigen Teilnehmern vortragen konnte. Oder bei Banken, die das für ihre Kunden gemacht haben, bei Network Marketing Unternehmen für ihre Geschäftspartner, bei Finanzdienstleistungsunternehmen für ihre Vermögensberater und so weiter. Darüber versuchte ich, Teilnehmer für meine Seminare zu gewinnen.

Zudem habe ich damals schon sehr viel publiziert, Content weitergegeben und ein Buch nach dem anderen geschrieben. 1993 entstand mein erstes Buch, in dem es um Spitzenerfolg ging. Dies war gleich ein Bestseller, mit damals noch bescheidenen 40.000 verkauften Büchern im Econ Verlag. Das Folgebuch ein Jahr später "Alles ist möglich" verkaufte sich schon im guten sechsstelligen Bereich. 1998 folgte dann "Sprenge Deine Grenzen", welches sich bis heute im Millionenbereich verkaufte und damals Nummer-1-Bestseller in Deutschland, Österreich und der Schweiz war.
Ich habe für zahlreiche Zeitschriften Kolumnen und Artikel geschrieben, damals gab es noch Fachzeitschriften wie die Acquisa. Auch in der GQ publiziert ich eine Kolumne und versuchte, überall Interviews zu geben.

Auf diese Weise gewann ich an Bekanntheit und Seminarteilnehmern. Ich setzte auf die altbekannte Mund zu Mund Propaganda, das heißt: Begeistere deine Kunden, mache sie zu Fans und sie werden dich automatisch weiterempfehlen. Genauso ist es eingetreten.

Wie würdest du diesbezüglich vorgehen, wenn du heute nochmal bei null starten müsstest? Welche Strategien würdest du den Lesern empfehlen, um Reichweite und Bekanntheit aufzubauen?

Heute ist alles auf der einen Seite viel einfacher, auf der anderen Seite aber auch schwerer. Fangen wir mal mit der schweren Seite an. Als ich 2004, nach meiner Krise 2002, zurückkam, startete ich am 01. Mai

2004 mein Comeback. Es gab damals circa 30.000 Trainer und Speaker in Deutschland. Mittlerweile, 15 Jahre später, gibt es circa 300.000 und man schätzt, dass jedes Jahr 30.000 weitere dazu kommen. Das Angebot steigt also sprunghaft - das ist der Nachteil.

Der Vorteil ist, dass wir heute das Internet haben. Wenn ein Kunde früher von mir hörte, musste er umständlich meine Kontaktdaten recherchieren.
Heute geben wir einfach bei Google den Namen ein und finden sofort seitenweise Kontaktmöglichkeiten über die unterschiedlichsten Kanäle. Es ist also egal, wo ich sitze, oder was ich mache, ich kann in kürzester Zeit dafür sorgen, dass mich ein Kunde mit einem Klick findet. Die Möglichkeiten, die die sozialen Netzwerke bieten, sind so fantastisch und kostengünstig, dass sie gerade für den Beruf des Coaches, Trainers, Beraters und Speakers ideal sind.

Da es für mich der schönste Beruf der Welt ist, habe ich mich auch entschlossen, eine eigene Train-to-Trainer-Ausbildung anzubieten. Bei dieser gebe ich in sieben Tagen mein eigenes Geschäftsmodell, meine Geheimnisse und meine Methoden weiter. Ich möchte, dass junge Kolleginnen und Kollegen nicht die gleichen Fehler machen, die ich gemacht habe, sondern voll durchstarten können. Einige der heute erfolgreichsten Trainer, besuchten meine Ausbildung sogar mehrmals und starteten danach so richtig durch.

Wie wichtig sind für dich digitale Produkte als Ergänzung in deinem Produktportfolio? Und wie schätzt du dessen zukünftige Bedeutung ein?

Dadurch, dass wir im digitalen Zeitalter leben, werden digitale Produkte natürlich immer bedeutungsvoller. Die Menschen können wo, wann und wie lange sie wollen lernen, auf jede erdenkliche Art und Weise. Sie können im Flieger, im Auto, beim Spazierengehen, im Urlaub, in Amerika oder auf irgendeiner einsamen Südseeinsel lernen und man kann es so oft wiederholen, wie man will. Das ist natürlich ein großer Vorteil.
In einem Seminar passe ich vielleicht gerade mal nicht auf und kann dadurch wichtige Sachen verpassen.
Wenn ich aber eine Video- oder eine Audioaufnahme habe, kann ich diese immer wieder abrufen und gleichzeitig meine Zeit gut nutzen. Wenn

ich beispielsweise ein Audio-Produkt habe, kann ich es mir beim Autofahren anhören und mein Auto zu einer rollenden Universität und einem fahrbaren Hörsaal umfunktionieren - eine phantastische Möglichkeit. Deshalb wird die Bedeutung der digitalen Wissensvermittlung sicherlich noch zunehmen.

Du warst mehrfach auf unseren Events als Referent. Welche Bedeutung haben solche Auftritte als Speaker auf externen Events für dich? Welchen Nutzen ziehst du daraus bzw. warum sollte jemand, der als Speaker/Trainer/Coach erfolgreich werden will, sich darum bemühen, solche Gast-Auftritte zu bekommen?

Als Speaker bei solchen bedeutenden Events dabei zu sein, ist natürlich etwas ganz Besonderes. Heutzutage ist es für mich leicht, irgendwo aufzutreten, da viele Veranstalter mich und meinen Namen als Zugpferd dabei haben wollen. Ich kann jedem Trainer und Speaker nur empfehlen, sich dafür zu interessieren, sich zu bewerben und Möglichkeiten zu finden, bei solchen Events dabei zu sein.
Natürlich ist es bei Events, wie ihr sie veranstaltet, vielleicht ein bisschen schwieriger, da ihr mittlerweile eine solche Dominanz und so einen bekannten Markennamen habt, dass jeder dabei sein will. Aber wenn man es dann schafft dabei zu sein, ist es ein toller Nutzen, weil der Bekanntheitsgrad enorm steigt.
Man kommt persönlich in Kontakt mit den Leuten, die vor Ort sind und diese können einem direkt sagen, ob sie den Content gut finden. Wenn das der Fall ist, dann wollen sie mehr. Das heißt, jeder Speaker, jeder Trainer, jeder Coach und jeder Berater sollte alles dafür tun, um bei solchen Events dabei zu sein. Natürlich allen voran bei euren Events, die immer ganz professionell und hervorragend sind. Es ist nie einfach, so ein Event zu veranstalten, dahinter steht viel Know-How, man braucht viel Erfahrung und man muss bereit sein, viel Einsatz zu erbringen. Und deshalb sind für mich eure Events die besten. Ich freue mich jedes Mal und bin dankbar, dabei sein zu dürfen und mein Wissen und meine Erfahrung weitergeben zu können.

LOTHAR
Seiwert

Wenn du es eilig hast,
gehe langsam!

Lothar J. Seiwert

10
LS
Lothar
Seiwert

Wenn die Zielgruppe genau stimmt, kann man schon mal ohne Honorar auftreten, das machen auch Topleute

Ein Interview mit Prof. Dr. Lothar Seiwert

Nimm uns kurz mit in deine persönliche Geschichte. Wie hat alles angefangen? Was hat für dich den Ausschlag gegeben, dass du Speaker, Trainer, Coach geworden bist?

Ich arbeitete als Management-Trainer in einem internationalen Konzern. Eines Tages musste am Standort Stuttgart aus betrieblichen Gründen rationalisiert und Mitarbeiter entlassen werden. Ich war der jüngste in unserer Abteilung, der die wenigsten sozialen Gründe hatte, nicht gekündigt zu werden und mit der geringsten Betriebszugehörigkeit. Im Betriebsverfassungsgesetz heißt das "betriebsbedingte Kündigung". So kam es, dass ich zum Personalleiter gerufen wurde und er sagte: „Herr Seiwert, wir können uns nicht vorstellen, wie es hier ohne Sie wäre. Aber wir wollen es ab morgen probieren.“ Nein, das war nur ein Witz. Die Kündigung wurde mir natürlich auf seriöse Weise eröffnet.
Ich war vollkommen geschockt und fühlte mich, als wäre mir der Boden unter den Füßen weggezogen worden.
Bei einer anderen Firma anheuern konnte ich dann nicht mehr, denn jeder hätte gefragt: „Warum sind Sie denn dort weg? Das ist doch eine gute Firma. Sie sind doch noch nicht so lange da.“
Also habe ich mich erst einmal als Management-Trainer, Berater und Coach selbstständig gemacht. Speaker bin ich dann später geworden, als ich meinen Engpass - mein Mindset - überwunden hatte, auch vor größeren Gruppen zu sprechen. Dieser Wechsel war aus der Not heraus geboren. Frei nach dem Motto: Wenn dir sonst nichts mehr einfällt, dann wirst du eben Berater, Trainer, Coach.

Kannst du dich noch an deinen ersten Kunden oder Auftrag erinnern? Falls ja, wie hast du ihn gewinnen können?

Ich fange mit dem zweiten Teil der Frage an. Ich habe nie akquiriert. Die Kunden sind immer auf mich zugekommen. Das hängt eben mit der Frage zusammen, welche Marketingstrategie ich eingesetzt habe.
Ich kann mich noch sehr gut an meinen ersten Auftrag erinnern. Ich hatte zuvor in einer Unternehmensberatung gearbeitet und dort zwei Chefs. Der eine war ein Bruder Leichtfuß, bei dem war alles ganz easy. Mein anderer Chef war ein knallharter, disziplinierter Hund und hat uns immer dazu verdonnert, eine Auftragsbestätigung zu schreiben, wenn wir von einem Kunden kamen. Mir war diese ganze Bürokratie zu viel. Ich hatte das einfach abgelehnt, weil es lästig war.

Bei meinem ersten Auftrag für ein Unternehmen aus der Automobilzulieferindustrie hatte ich deswegen nicht alles schriftlich gemacht, sondern mehr mündlich abgesprochen. Es handelte sich um ein Zeitmanagement-Seminar, bei dem die Teilnehmer mit sehr hochwertigen Time-System-Boxen mit teuren Zeitplan-Büchern ausgestattet wurden. Unter anderem hatten wir besprochen, dass die Boxen von der Firma gekauft werden, wenn sie den Teilnehmern gefallen. Diese waren fleißig dabei, ihre Time-Systeme einzurichten und in Betrieb zu nehmen, bis irgendwann der Geschäftsführer des Unternehmens herein stürmte, fuchsteufelswild wurde und vorwurfsvoll sagte: „Davon weiß ich überhaupt nichts. Das ist mit mir überhaupt nicht abgesprochen.“ Er wollte die Boxen nicht bezahlen, die Teilnehmer hatten diese aber schon in Benutzung. Mein eigentlicher Auftraggeber, der Leiter der Personalentwicklung, der unter diesem autoritären Hund zu leiden hatte, jammerte mir hinterher vor, dass ich zwar Recht hatte, er aber aus dem Unternehmen fliegen würde, wenn diese teuren Zeitplan-Systeme bezahlt werden müssten.
Das Ganze endete damit, dass ich alles bezahlen musste und unter dem Strich mit plus minus null aus meinem ersten Auftrag rausging.
Ich hatte also komplett umsonst gearbeitet und mich sofort an meinen alten Chef erinnert, der mir immer gepredigt hatte: „Sie müssen alles vorher schriftlich fixieren und sich bestätigen lassen.“ Das hatte ich nun teuer gelernt. Oder wie eine alte arabische Lebensweisheit besagt, die dann auch zu einem meiner Grundsätze geworden ist: “Vertraue auf Allah, binde aber dein Kamel fest.” Das heißt, lasse dir alles Wichtige schriftlich bestätigen.

Wie bist du anschließend weiter vorgegangen?

Ich wurde ein vielfach preisgekrönter Anwender der EKS, der Engpass-Konzentrierten Strategie von Wolfgang Mewes. Zwölf Ordner, über tausend Seiten Fernlehrgang. Mein größtes Learning daraus war: **Konzentriere dich auf deine Stärken, auf eine fest umrissene Zielgruppe und deren brennendsten Probleme und arbeite daran, diese Engpässe besser zu lösen als alle anderen.** Wenn du das konsequent und dauerhaft machst, wirst du irgendwann Marktführer, führender Experte und Zielgruppenbesitzer auf deinem Gebiet.

Wie hast du an Reichweite und Bekanntheit gewonnen? Welche Marketingstrategie hast du eingesetzt?

Ich habe nie aktiv akquiriert, die Kunden sind einfach auf mich zugekommen: Ich habe mich auf mein Kernthema, das Zeitmanagement, konzentriert, diese Problemlösungskompetenz konsequent ausgeweitet und entsprechend vielfach publiziert. Autorität kommt von "Autor".
Damals gab es noch kein Internet. So hatte ich meinem Sohn kürzlich ein iPad geschenkt. und er sagte begeistert: „Papa, das ist ja cool. Aber wie seid ihr denn früher bloß ins Internet gekommen?“ An die Jüngeren: Leute, es gab damals noch kein Internet!
Ich habe angefangen, Bücher zu schreiben. Wenn du ein Buch geschrieben hast, wirst du auch "gebucht". Deswegen habe ich nicht nur eins oder zwei, sondern rund 50 Bücher und viele tausend Artikel geschrieben und publiziert.

Zur Jahrtausendwende 2000 wurde ich zum Beispiel prominent in der Titelstory des FOCUS über Zeitmanagement gefeatured. Der zuständige Redakteur kam auf mich zu und sagte „Herr Seiwert, ich recherchiere seit einem halben Tag. Überall stoße ich immer nur auf Sie. Also müssen Sie der wichtigste und der beste Experte auf diesem Gebiet sein.“ Ich sagte: „Selbstverständlich. Wo Sie Recht haben, haben Sie Recht.“ Und er fragte sodann: „Wann können wir uns treffen?“.

Wann hast du dein erstes Buch geschrieben?

Das war 1984.

Und wann warst du selbstständig?

Mit Beginn meiner Selbstständigkeit habe ich auch mein erstes Buch geschrieben. Interessant war auch hier, dass ich zunächst ein No-Name war. Verlage wollten kein Buch mit mir veröffentlichen, weil mich niemand kannte.
Durch die Engpass-Konzentrierte Strategie (EKS) habe ich gelernt, mich immer auf das zu fokussieren, was meine Zielgruppe am meisten daran hindert, erfolgreich zu sein oder mit mir zu wachsen. Das war in diesem Fall die Wirtschaftlichkeit. Verlage veröffentlichen lieber von einem bekannten Autor das 21. oder 22. Buch, als von einem No-Name Autor das erste.

Also habe ich mich gefragt: Was ist hier der Engpass? Wie viele Bücher muss ich ihnen abkaufen, damit sie mein erstes Buch publizieren? Schlussendlich habe ich 500 Hardcover Bücher selber drucken lassen und dafür einen Kredit über 10.000 D-Mark aufgenommen.
Meine Empfehlung ist: Das Beste, worin du immer investieren kannst und sollst, ist in dich selbst. Wenn du nicht selber an dich glaubst, wer dann? Und der bekannte Satz „Not macht erfinderisch“ hat auch hier wieder funktioniert: Nachdem mein kleines Wohnzimmer in Stuttgart-Stammheim mit zwei Paletten Büchern vollgestopft war, war ich jeden Tag und jede Nacht gezwungen, darüber nachzudenken, wie ich diese Bücher wieder – wirtschaftlich sinnvoll – loswerde.

Du hast gesagt, deine Kunden kommen ganz von allein zu dir. Das war aufgrund deiner Positionierung als Autor von deinem Buch?

Ich habe mir meinen Expertenstatus erarbeitet. Damals gab es das Wort Positionierung noch gar nicht. Aber ich habe mich im Grunde positioniert, ohne zu wissen, was das ist. Ich habe mir meine Marktführerschaft als führender Zeitmanagement-Experte entsprechend erarbeitet und dann konsequent ausgebaut.

Wie würdest du vorgehen, wenn du heute noch einmal bei null starten müsstest? Welche Strategien würdest du den Lesern empfehlen, um Reichweite und Bekanntheit aufzubauen?

Das, was ich heute weiß und was man bei Renée Moore so gut lernen kann, ist: Du musst dir einen Expertenstatus aufbauen. Nicht nur auf irgendeinem Gebiet, sondern auf einem, dass dich begeistert und dass deine Leidenschaft und Passion ist.
Im Idealfall wird das, wie bei mir, deine Lebensaufgabe: Ich möchte viele Menschen und Berufstätige dazu inspirieren und anleiten, ihre Zeit besser in den Griff zu bekommen und damit ihre Lebensqualität oder Work-Life-Balance zu verbessern.
In der heutigen Zeit gibt es natürlich das riesige Instrumentarium des Internets, der Social-Media-Marketing-Tools und -Kanäle, die ich auf allen Seiten bedienen muss.
Es gibt also nicht die Frage: Mache ich Facebook, Twitter, Instagram oder YouTube? Ich muss all diese Kanäle nutzen, aber eben zielgerichtet. Sonst ist es so, als wenn ich nachts mit dem Schrotgewehr in den dunklen Wald schieße. Da kann ich vielleicht etwas treffen – oder eher nicht. Alle diese Aktivitäten sollten zielgerichtet sein.

Wie wichtig sind für dich Digital-Produkte als Ergänzung in deinem Produktportfolio? Und wie schätzt du dessen zukünftige Bedeutung ein?

Digitale Produkte sind natürlich immens wichtig und werden in Zukunft noch viel wichtiger. Wir leben in einer digitalen Welt und diese wird immer größer, schneller und internationaler. **Deshalb sage ich: "Be digital or Die!" (L.S.)**

Du bist schon seit vielen Jahren in deinem Beruf tätig. Was hat sich seitdem für dich verändert?

Die digitale Welt, das Internet, das gesamte Social-Media-Marketing und alles, was dazu gehört, ist seitdem immens gewachsen. Wir nennen das auch Dynaxity – ein Kunstwort aus "Dynamics" und "Complexity": Zum einen wird heute alles schneller getaktet, zum anderen ist alles umfangreicher und komplizierter geworden. Wer hier nicht mitspielt und ständig dazu lernt, ist irgendwann draußen – so wie Schwimmen gegen den Strom: Sobald man damit aufhört, treibt es einen unweigerlich zurück.

Du warst mehrfach als Referent auf unseren Events. Welche Bedeutung haben solche Auftritte als Speaker auf externen Events für dich? Und welchen Nutzen ziehst du daraus? Warum sollte jemand als Speaker, Trainer, Coach erfolgreich werden, wenn er sich darum bemüht?

Das ist immer noch ein Vorteil gegenüber der "alten", analogen Welt. Du kannst die geilsten YouTube-Videos haben, auf Facebook und allen anderen Kanälen omnipräsent sein und dich auf Download-DVDs, Webinaren und anderen Plattformen verbreiten. Aber das persönliche Erleben in einer gemeinsamen Halle oder einem Stadion ist durch nichts zu ersetzen, dass Menschen dich treffen, fühlen und erleben.
Ein konkretes Beispiel: Wir gehen übermorgen auf ein Live Konzert von Rod Stewart – der eine oder andere wird ihn noch kennen. Natürlich können wir uns bei YouTube die Videos anschauen. Oder Fußballfans, die sich jedes schöne Spiel auf Sky anschauen. Aber die Atmosphäre im Stadion ist durch nichts zu ersetzen, der gemeinsame Torjubel oder die kollektive Trauer, die ich im Stadion mit Campino von den „Toten Hosen" erleben musste, als unser Lieblingsverein Fortuna Düsseldorf vor ein paar Jahren in Hannover leider aus der Bundesliga abgestiegen ist. Warum gehen so viele wie Renée und ich zu den Live-Konzerten der Rolling Stones, Eric Clapton oder Pink? Weil dieses persönliche Erleben, Begegnen und Spüren zusammen mit anderen noch einmal eine ganz andere Welt ist, eine Qualität und Bindung, die durch nichts anderes zu ersetzen ist. Oder auch Helene Fischer – da bin ich zwar nicht die Zielgruppe – aber sie hat letztes Jahr im Oktober fünfmal hintereinander die gesamte SAP-Arena in Mannheim ausverkauft. Ein bisher einmaliger Rekord und Riesenerfolg.
Jeder kann die CD oder die DVD kaufen. Aber warum gehen die Menschen dorthin? Weil es noch einmal etwas ganz anderes ist. Deshalb ist ein Live-Auftritt auf einem Event, wie euer Gründerkongress oder Erfolgskongress, ein absolutes Muss für uns. Oder euer "Gipfeltreffen"-Kongress, bei dem die Menschen live dabei sind, man sich trifft, wo Selfies gemacht werden, Autogramme geschrieben und Bücher signiert werden. Die persönliche Begegnung ist und bleibt etwas ganz Besonderes und ist durch nichts Digitales zu toppen.

Zum Abschluss: Was sollten Menschen machen, um solche Gastauftritte zu bekommen? Sich positionieren?

Unbedingt mitmachen und einen Live-Auftritt haben, wo immer es geht, wenn die Zielgruppe stimmt. Man kann natürlich auch beim örtlichen Schützenverein oder Kaninchenzüchterverein auftreten, aber das ist wohl nicht unbedingt sinnvoll.
Wenn die Zielgruppe stimmt und der Saal hinreichend groß ist, kann man schon mal ohne Honorar auftreten, das machen auch Topleute und bestätigen mir auch immer wieder meine amerikanischen Kollegen. Wie gesagt: ein Live-Auftritt vor anderen Menschen, im Idealfall seinen Fans, ihnen analog begegnen, Selfies machen und Händeschütteln, ist durch nichts Digitales zu übertreffen.

LAURA MALINA Seiler

Love it, leave it or change it!

9

LMs

Laura Malina Seiler

Die Kraft tatsächlicher Begegnungen im digitalen Zeitalter

Ein Interview mit Laura Malina Seiler

Nimm uns kurz mit in deine persönliche Geschichte: Wie hat alles angefangen? Was hat für dich den Ausschlag gegeben, dass du Speaker/ Trainer/Coach geworden bist?

Mir war sehr lange unklar, was ich mit meinem Leben anfangen und wer ich sein möchte. Ich war mir auch lange nicht über meine schöpferische Kraft bewusst, bis ich angefangen habe, mich mit persönlicher Weiterentwicklung zu beschäftigen und so Stück für Stück selbstbewusster geworden bin.
Ich habe plötzlich all diese tollen Tools und Übungen entdeckt, die so viel bei mir verändert haben. Da entstand in mir der Wunsch, persönliche und moderne Spiritualität zum Mainstream zu machen. Mein Wunsch ist es, dass meditieren eines Tages so normal ist wie Joggen zu gehen.

Kannst du dich noch an deinen ersten Kunden/Auftrag erinnern? Und falls ja, wie hast du ihn gewinnen können?

Ja, sehr gut sogar. Mein erster Kunde war Musiker, der mit großer Bühnenangst zu kämpfen hatte. Seine Managerin war eine gute Bekannte von mir und hat mich gebeten, ihm zu helfen, die Angst loszuwerden. Das hat super geklappt und er konnte gar nicht glauben, wie einfach es war, die Ängste aufzulösen.

Wie bist du anschließend weiter vorgegangen? Wie hast du an Reichweite und Bekanntheit gewonnen, welche Marketingstrategien hast du eingesetzt?

Ich wurde immer von meiner großen Vision getragen und habe mich intuitiv von ihr leiten lassen. **Das gesamte erste Jahr meiner Selbstständigkeit habe ich sehr viel kostenlosen und wertigen Content produziert.**
Ein Jahr lang habe ich jeden Morgen um sieben Uhr ein Webinar gegeben, habe eigene Veranstaltungen organisiert und angefangen, meinen Instagram-Kanal aufzubauen. Mein Podcast hat schnell an Reichweite gewonnen, weil ihn die Hörer immer weiterempfehlen. Dadurch ist er seit drei Jahren konstant in den Top 10 von iTunes und wird sehr leicht gefunden. Später kam mein erstes Buch hinzu, welches die Reichweite noch einmal vergrößert hat.

Wie würdest du diesbezüglich vorgehen, wenn du heute noch einmal bei null starten müsstest? Welche Strategien würdest du den Lesern empfehlen, um Reichweite und Bekanntheit aufzubauen?

Ich würde empfehlen, dir sehr klar darüber zu werden, warum du tust, was du tust. Wenn du nur Bekanntheit aufbauen willst, wird dich das nicht durch die Momente des Zweifelns oder der Angst führen. Du brauchst im ersten Schritt eine richtig große Vision.
Finde heraus, was der Kanal ist, der am besten für dich funktioniert und dann schaffe dort richtig wertvollen Content. **Das wird sich immer auszahlen. Sei verbindlich, in der Veröffentlichung von Content und sei authentisch. Der Kunde merkt sofort, ob du nur etwas verkaufen möchtest oder ob du tatsächlich etwas verändern und helfen möchtest.**

Wie wichtig sind für dich digitale Produkte als Ergänzung in deinem Produktportfolio? Und wie schätzt du dessen zukünftige Bedeutung ein?

Mein ganzes Unternehmen basiert auf digitalen Produkten. Ich trete nur sehr wenig bei Live-Events auf und reise selbst viel, um z.B. Podcast-Interviews aufzunehmen. Ich denke, dass die Bedeutung von digitalen Produkten auch in Zukunft noch zunehmen wird, aber dass trotzdem auch immer das Bedürfnis für tatsächliche Begegnungen bleiben wird. Am besten ist es, eine gesunde Mischung aus Off- und Online-Produkten zu entwickeln.

Du warst mehrfach als Referentin auf unseren Events. Welche Bedeutung haben solche Auftritte als Speaker auf externen Events für dich? Welchen Nutzen ziehst du daraus bzw. warum sollte jemand, der als Speaker/Trainer/Coach erfolgreich werden will, sich darum bemühen, solche Gast-Auftritte zu bekommen?

Ich denke, es ist immer eine schöne Gelegenheit, um mit Menschen vor Ort in Kontakt zu kommen. Man kann persönlich eine ganz andere Verbindung als über den Bildschirm schaffen. Außerdem steigert es natürlich den eigenen Bekanntheitsgrad, weil im Publikum oft Menschen sind, die einen vorher noch nicht kannten.

MARKUS
Hofmann

Lebe das Leben
das du liebst
und liebe das Leben
das du lebst!

12
MH
Markus
Hofmann

Erweitere deine Fanbase durch digitale Produkte

Ein Interview mit Markus Hofmann

Nimm uns einmal mit in deine persönliche Geschichte. Wie hat alles angefangen? Was war der Auslöser, dass du Speaker/Trainer/Coach geworden bist?

Ich war ein eher unterdurchschnittlicher Abiturient. Ich hatte einen Notendurchschnitt von 3,2 und habe mich mit dem Lernen recht schwergetan. Ich bin lieber zum Fußballspielen rausgegangen oder habe mich mit meinen Freunden getroffen, anstatt mich hinzusetzen und zu lernen. Später war ich bei der Sparkasse angestellt, die mich an die bayerische Akademie für Werbung und Marketing geschickt haben. Diese habe ich abends nach der Arbeit und an den Wochenenden besucht.

Ich dachte mir schon, dass das ziemlich schwierig werden würde, denn ich hatte keine Zeit zum Lernen. Tagsüber musste ich schließlich arbeiten und hatte wenig Zeit, mir das BWL Wissen einzuprägen.

Also habe ich mich auf die Suche nach Gedächtnistechniken gemacht. Ich hatte gehört, dass man lernen kann, wie man sich Fachwissen schneller im Kopf abspeichern und nach Bedarf abrufen kann. Diese Techniken habe ich tatsächlich gefunden, angewendet und damit einen unglaublichen Erfolg gehabt.

Meinen Notendurchschnitt konnte ich von 3,2 aus dem Abitur auf 1,3 im Studium steigern und das mit der Hälfte der Lernzeit. Ich brauchte also keine sechs oder sieben Stunden am Wochenende zu lernen. Mir reichten ein oder zwei, in denen ich mir einen Spickzettel geschrieben und mir diesen nachhaltig gemerkt habe.

Das war für mich der heilige Gral, ich gehörte auf einmal zu den besten zehn Prozent in meinem Kurs. Meine Kommilitonen fragten mich, wie ich das mache, da ich trotz meiner guten Leistung so viel Freizeit hatte.
Mir hat es extrem viel Spaß gemacht, anderen Menschen, in dem Fall meinen Kommilitonen, meine Techniken zu zeigen. Das Ergebnis war, dass sie ebenfalls gute oder sogar bessere Noten geschrieben haben.
Irgendwann kam eine Kommilitonin auf mich zu und sagte: "Markus, komm doch mal zu uns in die Firma. Ich habe eine kleine Abteilung, in der sich keiner Namen und Gesichter merken kann. Kannst du denen nicht mal deine Technik zeigen?"
Also bin ich mit in die Firma gegangen, habe dort einen Nachmittag verbracht und den Menschen gezeigt, wie man sich Sachen besser merken kann.

Ab dem Zeitpunkt wusste ich, was ich machen wollte. Ich wollte Menschen helfen, besser zu werden, wollte auf der Bühne stehen und mit Menschen zusammen in Trainings und Coachings arbeiten.
Ich beschloss, mich ganz auf dieses Thema zu konzentrieren, habe den Job in der Bank an den Nagel gehängt und mein Studium abgeschlossen.
Meine Diplomarbeit war im Grunde der Einstieg in die Selbstständigkeit, denn sie enthielt ein Marketingkonzept, welches ich für ein Produkt oder eine Dienstleistung schreiben musste. Ich glaube im Nachhinein gesehen, war das eines der Hauptgründe, warum ich letztendlich so erfolgreich auf dem Markt war. Ich habe meinen eigenen Businessplan mit dem Schwerpunkt Marketing aufgeschrieben und Eins-zu-eins umgesetzt.
Innerhalb dieses Marketingplans musste ich den gesamten Markt der Aus- und Weiterbildungen analysieren. Wer sind meine Mitbewerber? Was sind meine Ziele? Wo positioniere ich mich? Welchen USP habe ich?
Ich habe mir monatelang den Kopf zerbrochen, bis dieses Konzept endlich stand, habe es eingereicht und eine sehr gute Note dafür bekommen.
Das war damals im Prinzip die Blaupause für meine Selbständigkeit.

Kannst du dich noch an deinen ersten Kunden oder Auftrag erinnern? Und falls ja, wie hast du ihn gewinnen können?

Der nächste Schritt war tatsächlich schon, die ersten Kunden zu gewinnen, meinen Vortrag und die Seminare auszubauen und eine gewisse Qualität hinein zu bringen.

Wie habe ich das gemacht? Meinen Vortrag habe ich dadurch perfektioniert, dass ich erstmal die Schweinetour gegangen bin. Das heißt, ich habe mich bei zahlreichen Volkshochschulen beworben und dort für 48 Euro am Abend, über Monate hinweg, Vorträge und Workshops zum Thema Gedächtnistraining gehalten.
In dieser Zeit habe ich vor vier oder fünf Personen gesprochen, die zehn Euro am Abend bezahlt haben, um die Gedächtnistechniken zu erlernen. Dort habe auch ich viel gelernt, unter anderem die Interaktion und den Umgang mit dem Publikum, Dramaturgie, Einwandbehandlung, Humor, Rhetorik und Präsentation. Durch jeden Vortrag und Workshop, den ich dort gehalten habe, bin ich stetig ein bisschen besser geworden und habe an dem Thema, an meiner Präsentation und an der Art, wie ich das alles vorgetragen habe, gefeilt.
Nur waren das noch nicht die großen Aufträge, mich hat noch keine Firma für deren Mitarbeiter und Kunden engagiert. Ich musste zusehen, wie ich eine gewisse Dynamik reinbringen konnte. Das war gar nicht so leicht, denn damals gab es noch kein Internet, Social Media, Facebook und Instagram.
Ich musste also wirklich was tun, Sichtbarkeit erzeugen, meinen Arsch bewegen und mich persönlich bei Firmen vorstellen. Am besten bei den Unternehmen, zu denen ich schon einen Zugang hatte. Da ich beim bayerischen Sparkassenverband als Referent für Werbung und Kommunikation gearbeitet hatte, besaß ich den Kontakt zu 84 Marketingleitern der einzelnen Sparkassen.
Also habe ich mir deren Adressen besorgt und jedem einen persönlichen Brief geschrieben.
Das war letztendlich ein guter Einstieg. Ich habe denen vorgeschlagen, dass ich eine halbe Stunde vorbeikomme, um zu erzählen, was ich mache, was mein Thema ist und wie ich das den Mitarbeitern und vor allen Dingen den Kunden präsentieren kann.
Von den 84 Sparkassen hatte ich auf Anhieb bei 44 Termine, die ich über zwei Monate in ganz Bayern abgefahren bin. Das ging los von Aschaffenburg, über Bayreuth, Bamberg, Hof, Regensburg, Landshut, Bad Tölz, Ingolstadt bis nach Augsburg.
Eine Frage, die häufig kam war, warum ich die Marketingleiter angesprochen habe und nicht die Personalleiter oder die Leute, die für Aus- und Weiterbildungen verantwortlich sind.
Mein Ziel war es nicht, die Mitarbeiter zu schulen. Das Ziel war, dass die Sparkassen Veranstaltungen organisieren, zu denen sie ihre besten Kunden einladen, um eine Art Skalierung zu haben.

Die Mitarbeiter der Sparkasse hätten mich nicht nochmal gebucht. Dass ich wiederholt gebucht wurde war nur möglich, weil ich bei diesen Veranstaltungen der Sparkasse immer neue Kunden im Publikum hatte, die sagten, dass ihnen der Vortrag gut gefällt und sie mich gerne in ihre Firma holen würden.
Als Redner oder Keynote Speaker unterwegs zu sein, ist natürlich kein Produkt, das man schnell mal über die Ladentheke verkauft, sondern es dauert gerne mal ein oder eineinhalb Jahre, bis man mal für ein passendes Thema gebucht wird.
Ich brauchte also einen langen Atem und musste erstmal bei den Volkshochschulen weitermachen, zu denen zwischenzeitlich ein paar IHK's dazugekommen sind.

Eines meiner Schlüsselerlebnisse war, als ich im Dezember 2003 in der Max-Reger-Halle in Weiden saß. Dort fand ein Weihnachtskonzert mit rund 990 Gästen statt. Ich hörte mir dieses Konzert an und dachte, wie großartig es wäre, einmal im Leben in so einer großen Halle, vor so einem Publikum zu sprechen.
Doch da mich keiner kannte, würde mich auch niemand für so eine Halle buchen. Da kam ich auf die glorreiche Idee, mich einfach selbst zu buchen. Also reservierte ich mir die Halle für einen Abend im April. Ich habe alle wichtigen Verträge geschlossen und die ganze Technik organisiert. Nun kam die große Herausforderung, die Halle voll zu bekommen. Wie kann ich also am besten dafür Werbung machen?

Ich bin zum örtlichen Fernsehsender, Radiosender und Zeitungsverlag gegangen und habe den Leuten dort erzählt, was ich vorhabe. Dass ich in der Max-Reger-Halle einen Vortrag zum Thema Gedächtnistraining und geistige Fitness halten möchte und ob sie nicht als Sponsoren mitmachen möchten. Sie stimmten zu, wollten mir jedoch kein Geld bezahlen. Sie boten mir stattdessen günstigere Anzeigen und Fernsehspots an.
So habe ich 30 Fernseh- und 30 Radiospots produziert und vier Anzeigen in der Zeitung geschaltet, um damit ein bisschen Aufmerksamkeit in Weiden zu bekommen.
Anschließend musste ich mir überlegen, wie ich die richtige Zielgruppe erwische. In dem Ort gab es fünf weiterführende Schulen, darunter Gymnasien, Berufsschulen und Wirtschaftsschulen, die ich im Vorfeld angeschrieben habe. Ich erzählte ihnen, dass ich kostenlos an die Schulen komme und einen Vortrag vor den Schülern halte. Im Gegenzug darf

ich jedem Schüler einen Flyer in die Hand drücken. Es wurde mir gestattet, sodass ich fünf Tage in die Vorträge investiert habe.
Was mich zudem zum Erfolg geführt hat war, dass ich wusste, dass es in dem Ort 60.000 Einwohner gibt, also 15.000 Haushalte. Ich habe mir zwei Wochen Zeit genommen, um bei jedem Haushalt in Weiden, einen kleinen Din A5 Flyer in die Briefkästen zu werfen.
Als der Tag meines Vortrags dann kam, waren tatsächlich 990 Menschen in der Halle. Im Anschluss erschien ein großer Zeitungsartikel über mich und ich konnte anfangen, meine Produkte zu verkaufen.
Mit diesem Vortrag bin ich dann auf Bayern-Tour gegangen, denn ich dachte, dass es so auch in anderen Städten funktionieren könnte.
Auch das hat hervorragend geklappt, ich habe das Prinzip 'Modelling of Excellence' Eins-zu-eins in den anderen Städten umgesetzt. Für mich war das am Anfang eher ein Null-Summen-Spiel, weil ich das ganze eingenommene Geld in Werbung investiert habe. Mir ging es hauptsächlich darum, dass die Menschen von mir erfahren und mich für ihre Firma buchen.
Mein erster richtiger Kunde war dann MTU in München. Die haben den ersten größeren Geldbetrag bezahlt, weil der Abteilungsleiter mein Training gut fand und das auch für seine Mitarbeiter haben wollte.
Um das Thema mit der Sparkasse nochmal abzuschließen: Bis heute, also 17 Jahre später, haben mich von den 44 Sparkassen, bei denen ich präsentieren durfte, 35 gebucht.

Wie bist du anschließend weiter vorgegangen? Wie hast du an Reichweite und Bekanntheit gewonnen? Welche Marketingstrategien hast du eingesetzt?

Aus der Tour sind viele Aufträge entstanden und ich bin über Bayern hinaus bekannt geworden. Eine Sache möchte ich dabei besonders hervorheben, die sich daraus entwickelt hat und mich bis heute noch begleitet. Die kleine Julia war bei einem meiner Auftritte in Rosenheim dabei, hat die ganzen Gedächtnistechniken verinnerlicht und in der Schule angewandt. Nach dem Vortrag in Rosenheim, rief mich Julia vier bis fünf Monate später an und erzählte mir ihre Erfolge, die sie in der Schule mit den Techniken erreicht hat. Ich war total begeistert, dass sie das mit den Spickzetteln im Kopf bei ihren Prüfungen umsetzen konnte.

Sie sagte zu mir: “Markus, ich möchte gerne ins Fernsehen.” Ich fragte: “Gerne, was stellst du dir denn vor?” Sie wollte gerne zu “Wetten, dass...?”.
Ich dachte also über eine schöne Wette nach. Zuhause hatte ich noch ein Buch liegen, in dem lauter Schottenröcke mit verschiedenen Mustern und den jeweiligen Clan-Namen abgebildet waren. Ich sagte zu Julia, wie wäre es, wenn wir eine Wette einreichen, in der du 100 Schottenröcke am Muster dem jeweiligen Clan zuordnen kannst.
Sie stimmte zu und relativ schnell bekamen wir dann auch die Zusage für eine Kinderwette. Die Frage, die mir hierzu oft gestellt wird ist, wie lange ich dafür wohl mit Julia geübt habe. Bei der Antwort fallen die meisten vom Glauben ab: Zwei Stunden haben wir zusammengesessen und dann konnte sie vor einem Millionenpublikum auftreten. Es ist eben nur ein Trick, den ich ihr beigebracht habe.
Das Ziel von Wetten, dass...? war natürlich die mediale Aufmerksamkeit, denn die Show war mit zehn Millionen Zuschauern die erfolgreichste und größte Fernsehshow Europas.
Ich überlegte mir also, wie ich die Leute dazu motivieren kann, meine Webseite zu besuchen, mich kennenlernen zu wollen und letztendlich meine Seminare zu buchen.
Anfangs wollte ich ein T-Shirt mit der Aufschrift “www.Schottenwette.de” drucken lassen. Auf dieser Internetseite hatte ich alle Techniken aufgeführt, die ich damals mit Julia durchgegangen bin. Das wurde uns aber untersagt.
Also musste ich kreativ werden. Kurz vor der Sendung bin ich ins Publikum gegangen und habe zwei junge Mädchen, die in Julias Alter waren, angesprochen. Denen habe ich ein kleines Banner in die Hand gedrückt und ihnen gesagt, dass sie es hochhalten sollen, wenn Julia auf die Bühne kommt. Dafür habe ich den beiden zehn Euro gegeben.
Das hat geklappt: Als Julia die Bühne betrat, hielten sie das Banner hoch. Der Kameramann bekam das mit und filmte das Banner mit den Worten “Rosenheim drückt Julia bei der Schottenwette.de die Daumen”. Allein dadurch ist mein Server fast zusammengebrochen, denn jeder wollte die Techniken und die Videos sehen. Darüber sind dann sehr viele Menschen und Unternehmen auf mich aufmerksam geworden. Unter anderem auch “Unternehmen Erfolg”, damals noch geleitet von Hermann Scherer und Monika Matschnig.
Seit 2002 oder 2003 haben die beiden mit den größten Zeitungsverlagen, wie der Süddeutschen Zeitung oder der Frankfurter Allgemeinen, Vortragsreihen organisiert. In diesen Vortragsreihen waren die besten

Speaker Deutschlands vertreten, unter anderem Dieter Brandes, Samy Molcho und Vera F. Birkenbihl.
Ich bin nach Freising gefahren, habe mich dort vorgestellt und erzählt, was ich mache. Die wussten, dass ich bei Wetten, dass...? dabei war und so habe ich tatsächlich von Monika Matschnig die Chance bekommen, bei einer dieser Vortragsreihen als Test dabei zu sein.
So war ich als einer der zehn Speaker bei diesen Vortragsreihen gelistet. Diese Speaker wurden in großen Anzeigen bei den jeweiligen Tageszeitungen promotet und auf einmal stand ich mit meinem Foto neben diesen ganzen Grand Seniors und Grand Dames der Vortrags- und Referenten-Szene. Dieser Image-Transfer hat mir extrem dabei geholfen, meine Reputation und meine Glaubwürdigkeit im Markt zu erhöhen.
Das Ziel ist am Anfang, Bühnen zu nutzen, sich zu positionieren und das am besten mit anderen Speakern, die schon einen Namen haben. Es geht erstmal nicht darum, Geld zu verdienen, sondern seine Sichtbarkeit zu erhöhen. Das ist die Basis. Dein Marketing kann noch so gut sein, aber wenn dein Vortrag oder dein Produkt nicht passen, dann wird es nicht funktionieren. Es muss alles ineinandergreifen. Jemand wie Samy Molcho macht überhaupt keine Werbung und wird trotzdem gebucht, weil sein Vortag schon damals State of the Art war.
Natürlich muss auch die Qualität stimmen. Durch die Qualität bin ich an andere Zeitungsverlage weiterempfohlen worden und bis dato darf ich sagen, im Rahmen der Vortragsreihen, heute zu den am meisten gebuchten Referenten neben Samy Molcho und René Borbonus zu gehören.
Ich bin im gesamten deutschsprachigen Raum in Zeitungsartikeln mit Anzeigen und mit Nachberichten erschienen. Durch unzählige Medienberichte habe ich mir eine unglaubliche Reputation aufgebaut.

Ein weiteres Marketingtool, was mich vorangebracht hat und heute noch weiterbringt, sind Schulveranstaltungen. Der Hintergrund dieser Auftritte war wieder, Bühnen zu nutzen und die Sichtbarkeit zu erhöhen.
Das Konzept sieht folgendermaßen aus: Ich halte zwei kostenlose Vorträge in den Schulen, am Vormittag und am Nachmittag einen, jeweils für zwei Stunden. Am Abend halte ich einen größeren Vortrag für die Eltern und Lehrer und verlange dafür einen kleinen Unkostenbeitrag, einfach damit es etwas kostet. Wenn es nichts kostet, denken viele Leute, dass es nichts wert ist und kommen nicht.
Diese Abendveranstaltungen mache ich, wenn mindestens 250 Lehrer und Eltern kommen. Alles, was über die Anzahl hinausgeht, spende ich der Schule.

Dieses Marketingtool, wenn man es so nennen kann, hat mir viele Vorteile gebracht. Eine Voraussetzung, dass ich mit der jeweiligen Schule zusammenarbeite ist, dass jemand von der lokalen Presse da ist und über den Vortrag berichtet. Dadurch bekomme ich wieder einen "social proof", da ich von externen Zeitungen "bewertet" werde.
Auf der anderen Seite sehen mich an einem Abend 250 Menschen, denen ich nicht vergesse zu erzählen, dass ich auch in Unternehmen komme, um Kunden und Mitarbeiter zu schulen. Aus jeder dieser Veranstaltungen entstehen immer mindestens zwei oder drei Folgeveranstaltungen. Ich mache also keine große, aktive Werbung, sowas habe ich noch nie gemacht. Mein Vortrag ist meine Werbung. Somit war das im Prinzip eine "Win-win-win-Situation": Ich habe den Schülern gezeigt, wie sie sich den Spickzettel für die morgige Prüfung merken können, ich habe den Lehrern gezeigt, wie sie ihre Schüler vorbereiten können und ich habe den Teilnehmern am Abend gezeigt, wie sie sich jede Information schnell und einfach merken können. So habe ich eine noch höhere Sichtbarkeit erreicht, da ich in vielen Zeitungen stand und mich einer breiten Zielgruppe vorstellen konnte.

Wie würdest du diesbezüglich vorgehen, wenn du heute nochmal bei null starten müsstest? Welche Strategien würdest du den Lesern empfehlen, um Reichweite und Bekanntheit aufzubauen?

Für mich war die Positionierung am wichtigsten. Ich habe mich immer gefragt, wie trete ich am Markt auf? Was ist mein USP?
Aus diesem Grund habe ich mich auch sehr darum gekümmert, meinen Markenkern herauszufiltern. Dazu habe ich drei meiner besten Freunde eingeladen, die mich schon seit Jahren persönlich kannten. Ich habe drei Kunden eingeladen, die meinen Vortrag bereits kannten und zudem drei "Möchtegern-Kunden" aktiv über Xing angeschrieben, ob sie mir einen Tag helfen können, an meiner Marke zu arbeiten.
Tatsächlich habe ich drei richtig große Kunden gefunden, darunter eine Marketing-Agentur und die Event-Agentur von den VR Banken.
Wir waren insgesamt zehn Personen, ich hatte noch jemanden engagiert, der diesen ganzen Workshop geleitet hat. Wir haben mit Hilfe verschiedener Übungen herausgefiltert, was mein Markenkern ist. Heraus kam der Begriff "unvergesslich".

Dieses Wort sollte sich in jeder Kommunikation widerspiegeln, auf der Webseite, meinen Fotos, meinen Angebotsschreiben, beim Service und bei der E-Mail-Kommunikation.
Ich hatte das Glück, gleichzeitig die passende Domain dazu zu finden: www.unvergesslich.de.
Dieser Markenkern verpflichtete mich natürlich, richtig gutes Fotomaterial zu produzieren. Dazu habe ich einen der besten Fotografen Deutschlands gebucht: Max Richter aus Stuttgart. Für das Shooting mit ihm, habe ich die Freiheitshalle in München gebucht und den ganzen Tag nur Bühnenfotos gemacht. So habe ich meinen Fotofundus aufgebaut und in gewisser Weise, die Größe der Veranstaltungen, auf denen ich auftrete, widerspiegeln können.
Ich habe zudem eine Art Buch über mich entworfen, ein Redner Booklet. Wenn mich eine Firma anfragen möchte, konnte sie sich dieses 50-seitige Buch anschauen, in dem alle meine Referenzen abgebildet sind. Das war alles sehr hochwertig gemacht und im wahrsten Sinne des Wortes unvergesslich.
Dieses Buch ist so gut angekommen, dass sich andere Redner, wie beispielsweise Hermann Scherer und Dirk Kreuter, daran orientiert haben.
Meine Webseite war im wahrsten Sinne des Wortes so unvergesslich, dass sie sogar zweimal kopiert worden ist. Sie wurde also Eins-zu-eins übernommen, nur dass das Logo und die Bilder ausgetauscht worden sind.
Es war somit ein sehr wichtiger Workshop, den ich mit meinen Freunden, Kunden und Möchtegern-Kunden gehalten habe und den ich nur jedem wärmstens ans Herz legen kann.

Meine Kompetenz habe ich dann nochmal erweitert, indem ich meine eigenen Bücher geschrieben habe. Einige Bücher hatte ich als Co-Autor schon mitgeschrieben, aber die richtige Autorität nach außen habe ich erst dadurch erlangt, dass ich mein eigenes Buch geschrieben habe.
Daher meine Empfehlung an dich: Schreibe ein Buch. Als Marketingsstrategie empfehle ich dir, den Kunden das Buch quasi zu schenken, das heißt, man lässt sie lediglich den Versand und die Druckkosten bezahlen. Davon gibt es einige auf dem Markt, wenn du dich aber ein wenig umschaust, wirst du hier viele Fakes finden. Diese veröffentlichen dann ein Buch mit 100 Seiten, von dem die Hälfte nur Bilder und ein paar schlaue Sprüche sind.

Ich denke, der Schlüssel zum Erfolg ist erstmal ein gutes Produkt. Zudem sollte man, wann immer es geht, Bühnen für sich nutzen. Hier muss man natürlich erstmal klein anfangen, also in die Volkshochschulen gehen, kostenlose Vorträge an Universitäten geben, in IHK's oder bei Speaker Slams auftreten.
Damit man einfach ein Gefühl dafür bekommt, wie ein Vortrag auf der Bühne funktioniert und wie die Zuhörer darauf reagieren. So merkt man auch schnell, was man tun muss, um den Vortrag noch besser zu machen und um noch besseren Content zu liefern. Ist das der Fall, kommen die Menschen automatisch auf einen zu und fragen nach, was man anbietet. Ich bin ein Freund davon, Content zu liefern, diesen auszubauen und so zu präsentieren, dass die Menschen einen Mehrwert mit nach Hause nehmen. Dieser muss so gut sein, dass die Menschen mehr davon haben wollen.
Wenn dem so ist, kann man sich Kooperationspartner und eine gute Bühne suchen, um sein Thema an die Leute zu bringen. Über diese Bühne lassen sich dann weitere Kunden und Kooperationspartner gewinnen.

Der nächste Punkt ist, dass man alle Online-Marketing-Kanäle bespielt. Ich habe 2002 damit begonnen und mein erster Fokus lag darauf, die Kontaktdaten aller Teilnehmer zu bekommen. Ich wusste, dass diese irgendwann Gold wert sein werden.
Damit habe ich mir über die letzten 17 Jahre einen richtig starken Newsletter-Verteiler aufgebaut und zwar nicht mit irgendwelchen unbekannten Leads aus dem Internet, sondern mit Leuten, die alle schon mal in meinen Vorträgen saßen.
Ich habe über 75.000 Newsletter Adressen von Personen, die mich irgendwo schon einmal live gesehen haben oder irgendwie persönlich mit mir in Kontakt getreten sind. Man sollte also ganz genau schauen, wo man seine Leads herbekommt. Bei mir sind es die Vorträge, bei denen ich einen schönen Prozess entwickelt habe, mit dem ich an die Leads komme: Ich gebe viel kostenlosen Content raus und bekomme im Gegenzug die E-Mail-Adressen.

Facebook und Instagram gehören natürlich auch dazu, wobei ich sagen muss, dass Facebook eher auf dem absterbenden Ast ist. Ich würde mich eher auf Instagram konzentrieren. YouTube ist nach Google die zweitgrößte Suchmaschine der Welt. Deswegen sollte man auch da präsent sein und gute Videos hochladen. Dann gilt es, mit Social Ads und

Youtube Ads zu agieren, damit das Thema auch bei der Zielgruppe ankommt.
Neben Social-Media-Marketing und Online-Marketing ist das Affiliate-Marketing ebenfalls sehr wichtig. Das war der Hauptgrund, warum ich in den letzten Monaten und Jahren so einen großen Erfolg hatte und durchstarten konnte. Wenn du jemanden erreichst, der eine große Liste mit Newsletter-Adressen hat und ihn dazu bringen kannst, dass er darin dein Produkt oder deine Dienstleistung promotet, dann ist das elementar wichtig.
Das geht natürlich nicht mit Live-Seminaren, sondern es muss ein Online-Produkt sein. Wenn du das schaffst, kannst du von seiner Zielgruppe profitieren.
Du solltest dich immer fragen, wer deine Zielgruppe erreicht und mit ihnen kooperieren und ein effektives Affiliate-Marketing auf die Beine stellen.

Wie wichtig sind für dich digitale Produkte als Ergänzung in deinem Produktportfolio? Und wie schätzt du dessen zukünftige Bedeutung ein?

Digitale Produkte sind das absolute Must-have in der heutigen Zeit. Wenn ich mich wirklich skalieren und eine große Zuhörerschaft und Fanbase aufbauen möchte, komme ich an digitalen Produkten nicht mehr vorbei. Da gibt es verschiedene Möglichkeiten, welche digitalen Produkte ich anbieten kann. Anfangen kann ich natürlich mit einem Newsletter, mit Online-Coachings oder mit einem E-Book. Man kann auch Vorträge oder Mitschnitte von Vorträgen kostenlos als Download zur Verfügung stellen. Bis vor vier Jahren war es bei mir so, dass ich ungefähr 95 Prozent meines Jahresumsatzes mit Vorträgen generiert habe. Bei diesen Vorträgen bin ich immer live aufgetreten und musste demnach live vor Ort sein. Dann habe ich angefangen, mein komplettes Wissen in die "Einfach unvergesslich"-Box zu packen. Dabei handelt es sich um einen Lehrgang für Zuhause mit 14 Audio-CDs.
Mit diesem Produkt habe ich es in den letzten vier bis fünf Jahren geschafft, meinen Umsatz so zu drehen, dass der Prozentsatz von meinen Vorträgen auf 35 Prozent geschrumpft ist. Das heißt, zwei Drittel meines Gesamtumsatzes mache ich mittlerweile mit digitalen Produkten.

Der Nachteil ist im Moment noch, dass ich zusätzlich diese physische Box produziere. Der nächste Schritt wäre, alles zu digitalisieren, damit die Produktionskosten wegfallen.

Du warst mehrfach als Referent auf unseren Events. Welche Bedeutung haben solche Auftritte als Speaker auf externen Events für dich? Welchen Nutzen ziehst du daraus bzw. warum sollte jemand der als Speaker/Trainer/Coach erfolgreich werden will sich darum bemühen, solche Gast-Auftritte zu bekommen?

Dazu kann ich ganz klar sagen, dass es da für mich zwei Seiten gibt. Wenn du dich entscheidest, bei so einem Event aufzutreten, bist du gleichzeitig auch gefordert, deine Liste zur Verfügung zu stellen.
Das bedeutet, derjenige der den Kongress aufgesetzt hat, bekommt auch deine Kontakte. Also musst du dir genau überlegen, bei welchem Kongress du teilnimmst.
Die Jungs von Digital Beat, also Christoph und Thomas, die sind momentan State-of-the-Art der Kongress-Anbieter. Bei denen kann man auftreten, weil sie eine gute Qualität liefern und gut mit deinen Kontaktdaten umgehen.
Wenn du noch keine Kontakte hast, dann musst schon schauen, wer der Anbieter ist, welche Leute da sind und in welchem Umfeld du dich präsentierst.
Aber du hast natürlich den Vorteil, dass du die Kontakte von den Kollegen bekommst. Ich denke, es ist ein Geben und Nehmen. Achte darauf, in welchem Umfeld du dich bewegst. Die Leute von Digital Beat und der Contra sind großartig, mit denen kann man immer gut kooperieren, weil sie dir auch was zurückgeben. Ich kann also jedem nur empfehlen, mit ihnen zusammenzuarbeiten.

MARCEL
Knopf

Great things never come from comfort zones!

11
MK
Marcel
Knopf

Dein Erfolg liegt außerhalb deiner Komfortzone

Ein Interview mit Marcel Knopf

Nimm uns kurz mit in deine persönliche Geschichte: Wie hat alles angefangen? Was hat für dich den Ausschlag gegeben, dass du Speaker/ Trainer/Coach geworden bist?

Bereits im jungen Alter von etwa 20 Jahren habe ich angefangen, mich für Persönlichkeitsentwicklung zu interessieren. Ich kam dann mit einem Trainer in Kontakt, der sehr erfolgreich in diesem Bereich ist. Da ich mehr über das Thema lernen wollte, habe ich ihn ganz salopp gefragt: „Was kann ich für dich tun, damit ich mit dir zusammenarbeiten kann?" Die Antwort war: „Du kannst mein Marketing übernehmen!" So kam es, dass ich mich mit Marketing, genauer mit Online-Marketing, beschäftigt habe und innerhalb der letzten zehn Jahre zum Fachexperten herangereift bin.

Dieser Umstand hat dann zu einer großen Nachfrage meiner Expertise geführt. Deshalb führe ich heute regelmäßig Schulungen und Speakings zum Thema Online Marketing und Performance Marketing in ganz Europa durch. Die größten Auftritte waren vor über 3.000 Menschen – unglaublich, wie sich das entwickelt hat.

Kannst du dich noch an deinen ersten Kunden/Auftrag erinnern? Und falls ja, wie hast du ihn gewinnen können?

Angefangen hat das damals tatsächlich mit genau dem Geschäftspartner von mir, der im Bereich Persönlichkeitsentwicklung aktiv war. Wir

haben uns sehr gut verstanden und relativ schnell war klar, dass eine Zusammenarbeit Sinn macht.
Ich habe mich dann mehrere Jahre auf diese gemeinsame Arbeit fokussiert und war in der Lage, ein erfolgreiches Geschäft aufzubauen. Mit dieser gemeinsam gegründeten GmbH hatten wir damals knapp 15 Mitarbeiter. Erst danach habe ich angefangen, mich intensiver mit dem Thema Online-Marketing zu beschäftigen und habe mit anderen Geschäftspartnern gemeinsame Marketing-Aktionen koordiniert und geplant.

Wie bist du anschließend weiter vorgegangen? Wie hast du an Reichweite und Bekanntheit gewonnen, welche Marketingstrategien hast du eingesetzt?

Grundsätzlich habe ich mir damals gesagt: Ich nehme einfach alles mit, was nur irgendwie geht. Daher habe ich versucht, so viele öffentliche Auftritte wie möglich zu bekommen und mit so vielen Menschen wie möglich zu sprechen. Gutes Netzwerken ist aus meiner Sicht ein wichtiger Schlüssel zum Aufbau einer Personal Brand. Du musst die richtigen Leute zur richtigen Zeit kennenlernen, damit erschaffst du dir einen Multiplikator und kannst deine eigene Marke deutlich ausbauen und vergrößern.
Daraufhin habe ich die Entscheidung gefällt, eine Agentur aufzubauen und die Fastlane Marketing GmbH gegründet. Das war ein großer und wichtiger unternehmerischer Schritt, der es erforderte, viel mehr Zeit und Gedanken in den Aufbau der Marke zu stecken. Sowohl in die Marke Fastlane als auch in meine persönliche.

Anschließend haben wir eigene Coaching-Programme entworfen, kreative Werbeanzeigen aufgesetzt und ich habe Bücher veröffentlicht. Ich denke, dass die Kombination aus all diesen Dingen der Grund dafür ist, dass mich inzwischen sehr viele Menschen aus der Marketing-Szene kennen und meinen Rat schätzen – wofür ich sehr dankbar bin.

Wie würdest du diesbezüglich vorgehen, wenn du heute nochmal bei null starten müsstest? Welche Strategien würdest du den Lesern empfehlen, um Reichweite und Bekanntheit aufzubauen?

Da gibt es mehrere praktische Tipps, die ich meinem „früheren Ich“ mit auf den Weg geben würde. **Als erstes würde ich empfehlen, viel früher**

zu starten und keine Berührungsängste mit dem Markt zu haben. Viele Menschen sind zu lange in der Theorie und holen sich kein echtes Feedback zu ihren Ideen vom Markt. Je früher du dich der Öffentlichkeit präsentierst und deine Marke sowie deine Idee vorträgst, desto schneller wirst du auch herausfinden können, ob du auf dem richtigen Weg bist.

Dann würde ich dir empfehlen, dir ganz genau zu überlegen, in welchem Bereich du aktiv sein willst. Es gibt unzählige Geschäftsmodelle, die dich zum Erfolg führen können. Häufig sind es eben nicht die „typischen Ideen", die du findest, wenn du auf Facebook surfst. Viele unserer Kunden sind in völlig seltsamen Märkten aktiv und erwirtschaften dort wesentlich mehr Geld, als man das auf den ersten Blick vermuten würde. Fakt ist: Deine Zeit ist dein wertvollstes Kapital. Daher überlege dir gut, welche Zielgruppe du ansprechen willst, wie genau dein Geschäftsmodell funktionieren soll und was deine strategischen Überlegungen für die nächsten fünf bis zehn Jahre sind. Dann wirst du auch schnell erfolgreich sein.

Als letztes würde ich empfehlen, mutiger zu sein. Ich habe viele Jahre gebraucht, um Entscheidungen zu fällen, die eigentlich schon viel früher klar waren. Aber ich hatte nicht den Mut, die dafür benötigten Dinge zu tun. Vielleicht geht dir das auch manchmal so: eigentlich weißt du schon, was zu tun ist. Aber trotzdem hast du es noch nicht umgesetzt. Hier liegen Tücken!

Wie wichtig sind für dich digitale Produkte als Ergänzung in deinem Produktportfolio? Und wie schätzt du dessen zukünftige Bedeutung ein?

Grundsätzlich sind digitale Produkte, aber auch physische Produkte wie Bücher, für uns ein wichtiger Multiplikator und geben uns auch zukünftig weiterhin wichtige Reichweite. Dennoch hat die Schlagkraft eines digitalen Produkts deutlich abgenommen. Der Markt lernt mit – das englische Fachwort dafür lautet „Market Sophistication". Deswegen funktionieren viele Dinge, die über viele Jahre hin sehr erfolgreich geklappt haben, plötzlich nicht mehr – oder anders. Ich denke, dass es sehr wichtig ist, sich auf diese unterschiedlichen Gegebenheiten einzustellen und immer nah am Markt zu bleiben. Dann trifft man zur rechten Zeit die richtige Entscheidung.

Du warst mehrfach als Referent auf unseren Events. Welche Bedeutung haben solche Auftritte als Speaker auf externen Events für dich? Welchen Nutzen ziehst du daraus bzw. warum sollte jemand, der als Speaker/Trainer/Coach erfolgreich werden will, sich darum bemühen, solche Gast-Auftritte zu bekommen?

Den Events würde ich eine große Bedeutung beimessen. In Zeiten des Internets kannst du natürlich eine große Reichweite auf digitalem Wege aufbauen – über Videos, Instagram-Stories, Postings und regelmäßige Kommunikation mit deiner Community. Aber für mich ersetzt das nicht den persönlichen Kontakt mit Menschen. Die Leute stellen so auf einem ganz anderen Level einen Bezug zu dir her und du lernst deine Community viel besser kennen.

Davon losgelöst bietet ein solches Event natürlich auch immer eine Bühne, um dich als Experte zu positionieren und zu präsentieren. Deshalb empfehle ich grundsätzlich jedem angehenden Speaker/Trainer/Coach solche Anlässe zu nutzen.

Du hast in der Vergangenheit mehrfach unseren One Idea Mastermind Award gewonnen. Welche Bedeutung haben Awards für angehende Speaker/Trainer/Coaches hinsichtlich Reputation, Branding und Positionierung?

Grundsätzlich ist ein Award eine tolle Sache. Er beweist, dass du in einem speziellen Bereich Experte bist und kann dir daher als Trust-Element dabei helfen, andere Menschen von deinen Fähigkeiten zu überzeugen. Daher würde ich sagen, dass Awards ein nützliches Instrument sind. Sie ersetzen aber nicht deine Inhalte.
Am Ende des Tages wirst du nur dann erfolgreich als Trainer oder Coach, wenn sich Menschen wirklich für das interessieren, was du ihnen zu sagen hast. Du solltest dir also genau überlegen, was deine Message ist und wie du diese repräsentieren kannst.

Du bist Teil unserer exklusiven One Idea-Mastermind, einem geschlossenen Kreis von erfolgreichen Unternehmern. Welchen Stellenwert hat für dich der Austausch in Gruppen? Sollte sich jemand, der persönlich als auch im Business weiter wachsen will, unbedingt mit anderen vernetzen und austauschen?

Ganz klar, JA! Ich fliege neben meiner Teilnahme in der One Idea-Mastermind sogar drei bis vier Mal pro Jahr in die USA und bin dort Teil einer der erfolgreichsten Marketing-Mastermind-Gruppen der Welt. Ich lerne immer unglaublich viel durch den Austausch. Es ist etwa so: In 50 Prozent der Fälle nehme ich fachlichen Input mit – also wie ich eine ganz bestimmte Strategie umsetze oder ich bekomme eine konkrete Idee für die Vermarktung meines Unternehmens. In den anderen 50 Prozent profitiere ich in Bezug auf mein persönliches Mindset und mein Weltverständnis, weil ich mich mit Menschen umgebe, die den gleichen Weg beschreiten und teilweise deutlich erfolgreicher sind als ich. Dieser Wert ist nicht mit Geld aufzuwiegen.

Einige Menschen sind sich unsicher, ob sie sich als Speaker/Trainer/Coach selbst verwirklichen sollen. Haben vielleicht Ängste und Hemmungen. Welche Punkte kannst du diesen Menschen mitgeben, welche Sie bei der Entscheidungsfindung berücksichtigen sollten?

Ich denke, es ist völlig normal, dass du Angst vor einer neuen Herausforderung hast. So geht es jedem Menschen. Grundsätzlich kann ich dir aber vor allem zwei Dinge mit auf den Weg geben: Erstens, solltest du dir klar machen, was deine Alternative ist. **Was passiert, wenn du nicht aktiv wirst, nicht deinen Zielen nachgehst, nicht beginnst, deine persönliche Vision zu verwirklichen?** Wie sehr gefällt dir diese Version deines Lebens? Wenn es dir so wie mir geht, dann möchtest du radikal ein anderes Leben führen. Damit das passiert, musst du bereit sein, radikal andere Entscheidungen zu fällen.

Es ist ein großer Unterschied, ob du eine Rakete baust, um sie in den Garten des Nachbarn zu schießen oder eine Rakete, mit der du auf dem Mond landen willst. Du musst anders denken und anders an das Thema herangehen. Genauso ist es auch mit deinem Start ins Unternehmertum. Vieles ist neu und anders – und das ist auch gut so.

Das bringt mich zum zweiten Punkt: Viele Dinge werden sich neu und stellenweise unangenehm für dich anfühlen. Der Grund dafür ist relativ einfach: Du verlässt deine Komfortzone. Die meisten Menschen haben es sich in der Komfortzone ziemlich bequem gemacht. Für dich wird es wichtig sein, dass du es dir außerhalb der Komfortzone bequem machst. Das ist das Rezept des Erfolges. Gewöhne dich daran, dass es auch mal weniger komfortabel ist und du mit Situationen konfrontiert wirst, die dir nicht gefallen. Dann hast du das richtige Mindset für die nächsten Wochen und Monate und wirst vorankommen.

Woher nehme ich mir das Selbstvertrauen, dass ich genug weiß, um andere davon lernen zu lassen?

Grundsätzlich einmal, indem du dich entsprechend darauf vorbereitest. Es gibt dazu ein tolles Zitat: **„Exzellenz bedeutet nur 30 Minuten zusätzliche Vorbereitung.“**

Konkret soll das bedeuten: Manchmal reicht es schon, wenn du dich 30 Minuten intensiv auf ein Gespräch vorbereitest, um ein exzellentes Ergebnis zu erzielen. Viele Menschen sind nicht bereit den Preis zu zahlen, um eine sehr gute Leistung abzuliefern. Wenn du aber bereit bist „die Extrameile“ zu gehen, dann wirst du auch sehr schnell exzellente Ergebnisse produzieren. Dann kommt das Selbstbewusstsein ganz von allein. Bedenke zudem, dass du nur mehr wissen musst, als dein Gegenüber. Dann bist du bereits in der Lage, einen echten Mehrwert zu stiften. Wenn das am Anfang mal nicht klappt, hast du immer eine zweite, dritte, vierte und fünfte Chance. Jedes Gespräch ist ein neuer Anfang.

Wenn du selbst auf deine eigene Karriere zurückblickst, was würdest du heute im Nachhinein noch einmal anders machen?

Ich hätte mich viel früher fokussiert. Das Problem ist, dass ich ein Multi-Interessen-Mensch bin. Daher finde ich alles erst einmal total spannend, mit der Folge, dass ich früher auf zu vielen Hochzeiten gleichzeitig tanzen wollte.
Heute weiß ich, dass Selektion enorm wichtig ist. Welche ist meine höchste Priorität und welche Dinge kosten mich nur Zeit? Welche tollen Gelegenheiten mit viel Potential lehne ich bewusst ab? Mehr nein zu sagen hätte mir viel Zeit und Ärger auf meinem Weg erspart.

Fehler sind menschlich und passieren, jeder noch so erfolgreiche Mensch erleidet gelegentlich Rückschläge. Nimm uns mit in deine Welt: Was ist in deiner Karriere schon einmal richtig falsch gelaufen?

Dazu fällt mir eine witzige Geschichte ein. In meiner Anfangszeit als Marketing-Stratege habe ich einmal eine Kampagne mit relativ hohem Tagesbudget laufen lassen – das waren damals etwa 15.000 Euro pro Tag. Bei diesen Summen können kleine Fehler sofort sehr viel Geld kosten. Wir haben damals mit einem Splittest eine Veränderung auf der Webseite getestet, also die Besucher der Webseite zu gleichen Teilen auf Version A und Version B gesendet. Schnell stellte sich heraus, dass Version B überhaupt nicht gut funktionierte und ich wollte daher wieder 100 Prozent auf Version A stellen. Leider war ich zu dem Zeitpunkt gerade auf dem Weg ins Flugzeug und habe dann im Eifer des Gefechts die falsche Version auf 100 Prozent gestellt – nämlich Version B. Nach meiner Landung durfte ich dann feststellen, dass ich 4.000 Euro ärmer geworden bin, während ich im Flugzeug saß. Das war ein teurer Fehler, der mir jedoch auch eine Menge beigebracht hat. Vor allem zwei Dinge:

1. Es ist wichtig, immer genau zu sein, wenn es um große Kampagnen geht.
2. Ändere keine Dinge kurz vor dem Start eines Flugzeugs! ;-)

HERMANN Scherer

Es gibt ein Leben vor dem Tod!

6
HS
Hermann Scherer

Heute nicht auf digitale Produkte zu setzen, ist mit Sicherheit der Verlust einer enormen Umsatzquelle

Ein Interview mit Hermann Scherer

Nimm uns kurz mit in deine persönliche Geschichte: Wie hat alles angefangen? Was hat für dich den Ausschlag gegeben, dass du Speaker/ Trainer/Coach geworden bist?

Ich habe tatsächlich als Lebensmitteleinzelhändler angefangen und hatte eine Mitarbeiterin, mit der ich überhaupt nicht zurechtgekommen bin. Allerdings hatte ich auch keine Ahnung von Personal- oder Menschenführung. So entschloss ich mich, einen Kurs zu besuchen, um diese Fähigkeiten zu verbessern.

Ich entschied mich für den Kurs von Dale Carnegie zum Thema Persönlichkeitsentwicklung und Menschenführung. Im Folgekurs habe ich dann schon als Assistent gearbeitet und im darauffolgenden Kurs wiederum als leitender Assistent.

Anschließend entschied ich mich, eine Trainerausbildung bei Dale Carnegie zu absolvieren. Wenig später war ich auch schon ausgebildeter Trainer und am Ende sogar Ausbilder für die Trainer von Dale Carnegie in Europa.

Insgesamt habe ich 14 Jahre lang Dale Carnegie Trainings organisiert, veranstaltet und im deutschen Raum durchgeführt. Das war der erste Schritt zum Trainer.

Bei einer ganztägigen Trainingsveranstaltung stellte ich fest, dass die Akquise für eine solche Veranstaltung sehr mühevoll ist. Besonders, wenn du gute Leute bekommen und ein entsprechendes Programm planen willst - vor dem digitalen Zeitalter war das noch etwas schwieriger.

Für diese Veranstaltung wollte ich als Highlight einen Gastredner einladen, der das Publikum auflockert und das Ganze ein wenig runder ge-

stalten sollte. Die gesamten Einnahmen des Tages lagen bei 5.000 DM. Das weiß ich noch so genau, weil der Gastredner für die eine Stunde Auftritt 5.000 DM verlangt hat - ich habe ihn trotzdem gebucht.
Er ist also aufgetreten und hat eine Stunde lang ein bisschen was erzählt, meiner Meinung nach aber nichts besonders Aufregendes. Am Ende hat er obendrein noch seine Bücher verkauft, schätzungsweise für weitere 5.000 DM.
Das Fazit dieses Tages war, dass ich einen Tag lang Arbeit und Sorgen hatte, um überhaupt die Veranstaltung mit Teilnehmern zu besetzen und diese dann mit inhaltlich interessanten Themen zu gestalten. Mein Gast-Speaker hat in einer Stunde 10.000 DM verdient und am Ende war mein Ertrag gleich Null.
Danach war mir klar: Wenn Speaker sein so einfach ist und in meinen Augen, im Vergleich zu einem Training oder einem Coaching, so ungerecht vergütet wird, dann werde ich Speaker.
Ich habe beschlossen, meine Trainerkarriere an den Nagel zu hängen und habe nach 14 Jahren bei Dale Carnegie Training gekündigt.
Ich begann als Speaker weiterzuarbeiten und habe mich auf klassische Speaker-Aufträge konzentriert. Solche Auftritte werden übrigens auch immer kürzer. Früher war es üblich, dass man für 90 Minuten bis drei Stunden gebucht wird. Heute werde ich öfters für 45 Minuten oder eine Stunde gebucht.
Mein kürzester Auftrag, wohlgemerkt bei vollem Honorarsatz, lag bisher bei 18 Minuten.

Kannst du dich noch an deinen ersten Kunden/Auftrag erinnern? Und falls ja, wie hast du ihn gewinnen können?

Ich kann mich noch sehr gut an meinen ersten Auftrag als Speaker erinnern, das war für eine Tupperware-Bezirkshandlung. Natürlich war ich sehr aufgeregt und habe mich optimal darauf vorbereitet. Diesen Auftrag habe ich mehr oder weniger kostenlos angenommen, um mich einfach als Person präsentieren zu können - es gibt ja diesen schönen Spruch “Bühne bringt Bühne” und ich wollte eben einmal auf so einer Bühne stehen.
Für den Auftritt hat man mir 300 Euro bezahlt. Das war eine Pauschalvergütung für die Reisekosten und das Material. Ich war ein Perfektionist und wollte natürlich unbedingt gut abschneiden. Das Material hat mich

allein schon 700 Euro gekostet und meinen gesamten Tagessatz überschritten.
Durch diesen Einsatz habe ich es aber im Endeffekt geschafft, bei Tupperware einzusteigen. Da es bei dem Unternehmen sehr viele Bezirkshandlungen gibt, bin ich dementsprechend viel rumgekommen und habe meine Honorare ein wenig anpassen können.
Ich war unheimlich stolz darauf, einer der wenigen externen Redner für Tupperware gewesen zu sein und habe dafür alles gegeben. Damit ich überhaupt das ganze System des Unternehmens verstehe, bin ich auch selbst Gastgeber für Tupperware geworden, habe Leute zu mir eingeladen und die Produkte verkauft. So habe ich den perfekten Einstieg in die Materie gefunden und konnte einen großen Mehrwert liefern.

Wie bist du anschließend weiter vorgegangen? Wie hast du an Reichweite und Bekanntheit gewonnen, welche Marketingstrategien hast du eingesetzt?

Es ist wirklich unglaublich, wie gut das Speaker-System funktioniert. Ich habe zwei Thesen, wie Redner sich verkaufen. **Die wichtigere These ist „Bühne bringt Bühne". Das bedeutet, je sichtbarer man ist, desto mehr wird man gebucht.**
70 bis 80 Prozent meiner Vorträge habe ich dadurch bekommen, dass Menschen mir sagten: „Scherer, ich bin gerade in deinem Vortrag gewesen. Ich möchte genauso einen Vortrag bei mir in der Firma haben."
Das Besondere ist, dass wirklich alle Interessenten den gleichen Vortrag haben wollen – Vorträge sind demnach Markenprodukte. Sie werden nicht verändert, sondern sie entwickeln sich weiter. Das ist wie bei Champagner: Alle großen Marken sind in der Regel klassische Produkte. Sie werden so zusammengesetzt, dass sie immer gleich schmecken, denn die Kunden, die sich einmal im Jahr Champagner zu Weihnachten oder Silvester gönnen, wollen das gleiche Geschmackserlebnis haben, wie im Jahr zuvor.
Ein Markenprodukt erkennt man daran, dass es immer die gleiche Qualität hat - bei Rednern ist dies ähnlich. Sie präsentieren, mehr oder weniger, immer den gleichen Inhalt.
Anfangs ist das aber natürlich schwierig, denn wenn du nicht auf der Bühne bist, kannst du auch keine Aufträge bekommen. Demnach ist der erste entscheidende Schritt: die Akquise. Ich denke, dass diese Produk-

te schwer zu verkaufen sind, weil der Impuls dazu vom Kunden kommen muss und nicht vom Verkäufer gesetzt werden darf.
Die zweite These ist also, nicht auf den Verkauf, sondern auf das Marketing zu setzen.
Um mein Marketing zu erweitern, habe ich stark auf das Thema Buch gesetzt. Ich habe tatsächlich 50 Bücher geschrieben. Ein Buch zu schreiben ist wirklich einfacher als man denkt, wenn man weiß, wie es geht.
Ich habe versucht, durch diese Bücher eine große Sichtbarkeit herzustellen, um dadurch wiederum Aufträge zu generieren. Dabei ist übrigens ein Punkt ganz entscheidend. Wenn wir uns die heutige Generation von Speakern anschauen, dann glaube ich, vergessen viele eine wichtige Umsatzgröße. Die Redner konzentrieren sich sehr auf die öffentlichen Kongresse und Konferenzen, was vollkommen in Ordnung ist. Doch dieser Markt ist ein wesentlich kleinerer, als der von firmeninternen Veranstaltungen. Diese sind weder online noch offline öffentlich sichtbar, weil sie lediglich im Intranet oder in der Kundendatei der Unternehmen zu finden sind.
Diese Auftraggeber haben ein hohes Budget für solche Veranstaltungen zur Verfügung, das heißt, dass sie in der Regel viel Geld in Redner investieren. Wir sprechen hier von Tagessätzen im fünfstelligen Bereich. Diese Gruppe von Veranstaltern wird heute kaum wahrgenommen.
Wenn ich auf mein Leben zurückblicke, habe ich sehr viele Vorträge gehalten, weit über 3.000 vor über einer Millionen Menschen. 90 Prozent dieser Aufträge fanden auf unbekannten Bühnen statt. Das sind nach wie vor Märkte, die entscheidend sind.

Wie würdest du diesbezüglich vorgehen, wenn du heute nochmal bei null starten müsstest? Welche Strategien würdest du den Lesern empfehlen, um Reichweite und Bekanntheit aufzubauen?

Wenn ich heute noch einmal bei null starten müsste, würde ich als Allererstes viel größer denken.
Anfangs war ich in einem Team von sechs Leuten tätig. In dieser Gruppe haben wir einen Jahresumsatz von 100.000 Euro oder 200.000 Euro generiert. Wir haben uns zusammengesetzt und über Dinge sinniert, die möglich sein könnten. Wir sind sogar auf die Idee gekommen, dass ein Umsatz von einer Millionen Euro pro Jahr möglich sein könnte. Dieser Gedanke war aber so unsinnig, dass aus der damaligen Gruppe nur einer übrig geblieben ist: ich.

Die anderen sagten, dass so ein Umsatz völlig unrealistisch ist. Es war aber mein Glaubensmuster, welches ich mir sehr lange beibehalten habe.
Ich habe danach übrigens einige Jahre lang, immer eine gute Millionen Umsatz gemacht, mit einer Kostenstruktur, die sich auf eine Assistentin und ein Auto beschränkte.

Heute würde ich aber nie wieder so klein denken. Durch viele meiner Kunden weiß ich heute, dass es leicht ist, zehn oder 20 Millionen Euro zu verdienen und vielfach mehr möglich ist, wenn wir in das Speaker- und Veranstaltergeschäft einsteigen. Das erfolgreichste Beispiel der Welt ist natürlich Tony Robbins, der allerdings nicht als Redner Millionär geworden ist, denn das haben schon viele geschafft.
Tony Robbins ist mit seinen Veranstaltungen und Speakings Milliardär geworden. Wir reden hier also über einen Rahmen, bei dem viele überhaupt nicht wissen, was alles möglich sein kann. Ich darf mit Recht darüber sprechen, da ich die Ehre habe, in der Liste „Top 100 Erfolgstrainer" des Erfolg Magazins auf Platz drei zu stehen. Um meinen Platz geht es aber gar nicht so sehr. Ich genieße hier das Vertrauen, welches ich von den Menschen erfahre, die ich auf ihrem Weg zu den Top 100 begleiten durfte.
Daraus lassen sich zwei Erkenntnisse ziehen. Zum einen ist es ein Projekt, das aus vielen einzelnen Punkten besteht. Ich bekomme häufig die Frage gestellt, was mein Erfolgsrezept ist. Ich gebe darauf bewusst keine Antwort, weil es in meinen Augen nicht dieses eine gibt. Es gibt viele verschiedene Hebel, die man betätigen muss. Die Krux an der Sache ist, dass man mehr oder weniger alle Hebel gleichzeitig in Bewegung setzen muss, damit alles funktioniert.
Ich erlebe viele Menschen, die sagen „Ich schreibe jetzt mal ein Buch und schaue was passiert. Dann gehe ich zu einer Redneragentur und später mache ich einen Podcast und schaue was passiert."
Natürlich passiert immer was, aber meistens relativ wenig. Die große Kunst liegt darin, alle Hebel zu bewegen. Das braucht dann sicherlich zwei bis drei Jahre, um eine gut funktionierende Marke aufzubauen. Die Digitalisierung hilft uns allerdings dabei, dass es immer schneller geht.
Es gibt allerdings auch eine alternative Lösung, bei der man nicht alle Hebel gleichzeitig in Gang setzen muss. Hierzu stelle ich immer gerne die Frage: „Wie lange und wie schnell lernen Menschen?"

Meistens bekomme ich die Antwort, dass es lange dauert. Wir denken häufig an unser Schulsystem: 13 Jahre und danach wissen wir immer noch wenig. Also dauert es länger, bis wir als Marke erfolgreich sind.
Es gibt hierzu aber einen Gegenentwurf, der zeigt, dass wir sehr schnell lernen können. Wenn Kinder ihre Hände auf eine heiße Herdplatte legen, lernen sie innerhalb einer Millisekunde, dass sie das nie wieder tun sollten.
Meine Empfehlung, wenn man als Marke oder Redner durchstarten will: Finde heraus, was deine „heiße Herdplatte" ist. Also was kann ich tun, welche Story kann ich entwickeln, um sichtbar zu werden?
Ein Beispiel: Ich kenne einen Redner, der das Silicon Valley besucht hat, um sich dort einmal umzuhören: „Wie geht Silicon Valley? Wie denke ich dort? Was passiert da?"
Er hat Leute interviewt und sich die Firmen angeschaut. Dann ist er nach Deutschland gekommen und sagte: „Ich weiß jetzt, wie das funktioniert und ich erzähle euch, wie es geht." Er bekam eine Kolumne im Hamburger Abendblatt und in einem Wirtschaftsmagazin.
Dieser Redner hält heute Vorträge, frei nach dem Motto „Denken und arbeiten wie im Silicon Valley", was alle interessiert. Mit dieser „Herdplatten"-Reise nach San Francisco ist er tatsächlich stärker geworden. Je verrückter die Reisen und Aussagen, desto besser.
Ich stelle fest, dass die meisten Menschen zu sehr im Mainstream sind und zu viel das wiederholen, was alle schon wissen.
Martin Luther hat damals die Kirche in zwei Organisationen gespalten, weil er seine Thesen an die Kirchentür genagelt hat. Ich glaube, dass es nicht wegen der Thesen funktioniert hat, sondern wegen der Radikalität und den Provokationen, die in den Thesen standen.

Je provokativer und progressiver Thesen sind, vorausgesetzt sie stehen in einem vernünftigen Zusammenhang, desto eher bin ich sichtbar und werde wahrgenommen.

Das ist einer der entscheidenden Punkte. Ganz zu schweigen davon, dass ich heute natürlich auf die Digitalisierung setzen würde. Es war nie so leicht wie heute, Veranstaltungen zu füllen. Wir haben Zugriffsmöglichkeiten, die es früher nicht gab und ich möchte beschwören, dass dieser Markt noch nicht mal zehn Prozent seiner Reife erreicht hat.

Es gibt immer mehr Menschen, die Speaker werden wollen. Ich bilde unter anderem auch zum Speaker aus. Da merke ich, dass es den Menschen gar nicht so schwer fällt, gut zu reden. Das ist auch nur ein kleiner Teil meiner Ausbildung. Der Hauptbestandteil sind die Fragen: Wie verkaufe ich mich besser? Wie werde ich gebucht? Wie werde ich sichtbar? Wie kann ich mich inszenieren? Wie kann ich diese heiße Herdplatte entwickeln, um dann von Kunden angefragt zu werden?

Wie wichtig sind für dich digitale Produkte als Ergänzung in deinem Produktportfolio? Und wie schätzt du dessen zukünftige Bedeutung ein?

Keine Frage, ich halte digitale Produkte für sensationell. Wir haben dadurch die Möglichkeit, unser Wissen an den gesamten deutschsprachigen Raum zu verkaufen, ohne irgendwo hinfahren zu müssen.
Das heißt, wir können digitale Produkte nutzen, um E-Mail-Adressen zu sammeln oder um weiteres Wissen zu verkaufen. Ich bin überrascht darüber, wie hochpreisig heute Produkte verkauft werden können, die materiell sehr wenig Wert besitzen, beispielsweise Online-Kurse.
Es gibt viele Kollegen, inklusive mir selbst, die mittlerweile Online-Kurse im vierstelligen Bereich verkaufen. Alles läuft automatisiert und generiert passives Einkommen.
Ich habe mir sagen lassen – ich weiß nicht, ob es stimmt – dass es einen Speaker gibt, der nur mit Online-Produkten pro Jahr 500 Millionen macht. Selbst wenn es nur 50 oder fünf Millionen wären, sind das Summen, die mehr als erträglich sind. **Heute nicht auf digitale Produkte zu setzen, ist mit Sicherheit der Verlust einer enormen Umsatzquelle.**

Du warst mehrfach als Referent auf unseren Events. Welche Bedeutung haben solche Auftritte als Speaker auf externen Events für dich? Welchen Nutzen ziehst du daraus bzw. warum sollte jemand, der als Speaker/Trainer/Coach erfolgreich werden will, sich darum bemühen, solche Gast-Auftritte zu bekommen?

Ich habe die große Ehre gehabt, auf euren Events zu sprechen. Das war mir immer eine besondere Ehre und Freude. Nicht zuletzt, weil alle diese Events sensationell organisiert waren und auch ein außergewöhnlich gutes Publikum vor Ort war.
Diese Auftritte sind immens wichtig, denn sie bringen Sichtbarkeit. Bühne bringt Bühne. Sie machen Menschen zu Fans. Sie geben einem die Möglichkeit, neue Kontakte zu pflegen und Adressen zu sammeln. Das bringt in Sachen Monetarisierung und Sichtbarkeit einen ordentlichen Schub.

Darum empfehle ich, jede Bühne für sich zu nutzen. Es müssen am Anfang gar nicht die ganz großen sein. Jeder, der als Redner durchstarten will, sollte auch die kleinen Bühnen nutzen, auch wenn es nur die von Volkshochschulen, Serviceorganisationen, Vereinigungen oder Gewerbevereinen sind. Es hilft sehr, Vertrauen zu sich selbst aufzubauen, einen Vortrag einzuüben und um schlichtweg die Souveränität auf der Bühne auszubauen.

Du hast in der Vergangenheit schon mehrere Tiger Awards gewonnen und warst Teil unserer RED FOX Award Jury. Welche Bedeutung haben Awards für angehende Speaker/Trainer/Coaches hinsichtlich Reputation, Branding und Positionierung?

Ich bin sehr dankbar, dass ich bereits mehrfach den Tiger Award gewonnen habe und in der Jury dabei sein durfte. **Preise fördern das Vertrauen in einer Welt, in der sich Marken immer wieder neu inszenieren können.** Anfangs ist oft noch nicht klar, ob eine Marke wirklich eine gute Qualität aufbringen kann. Awards sind in der Regel gute Beweise dafür, dass jemand gute Qualität abliefert.
Meine Awards habe ich nie gezählt, aber ich habe einen eigenen Raum, in dem Diplome und Auszeichnungen Platz finden. Das sind mittlerweile über 100. Ich möchte mir darauf nichts einbilden. Sie waren einfach eine lange Zeit ein wichtiger Bestandteil, um meine Kunden davon zu überzeugen, dass ich gute Vorträge abliefern kann. Zudem kann ich sie damit überzeugen, dass ich nachhaltig und langfristig an der eigenen Entwicklung interessiert bin und meine Leistungen somit voranbringe.
Damit merke ich auch, wie ausschlaggebend jede Art von Außenwirkung ist. Ich habe mittlerweile eine kleine Fernsehsendung bei Hamburg 1 und sende täglich eine Stunde. So etwas ist auch ganz entscheidend, um sichtbar zu sein.
Übrigens geht es nicht nur um die klassischen Awards, die wir materiell verliehen bekommen. Ebenso wichtig ist es, dass wir zum Beispiel bei einer Fernsehsendung eingeladen werden. Wenn Menschen uns fragen, sei es ein Radiosender oder es ein Fernsehsender, ob wir bei deren Sendungen dabei sein wollen, dann ist das eine mindestens genauso wertvolle Auszeichnung. Schließlich zeigen sie Interesse an uns und daran, dass wir unsere Marke weiter vorantreiben wollen.

Schlusswort:

Wie schafft man es, ein erfolgreicher Experte zu werden?

Du hast jetzt einige Beispiele gelesen und nimmst aus diesen hoffentlich viele Inspirationen mit, um diese Frage beantworten zu können. Wie du gesehen hast, war der Weg bei allen Experten nicht immer komplett geradlinig. Sie hatten mit vielen Rückschlägen zu kämpfen, mussten sich neu positionieren und andere Wege finden, bis sie mit ihrem Business erfolgreich durchstarten konnten. Doch am Ende haben sich ihre Ausdauer und ihr Durchsetzungsvermögen bezahlt gemacht. Sie haben sich erfolgreich mit ihrem Business etabliert und können nun ihre besonderen Talente und Fähigkeiten an andere Menschen weitergeben.

Wo immer du gerade auch stehst, nimm dir die Worte und Ratschläge der Experten zu Herzen. Wenn du selbst Speaker, Trainer oder Coach werden möchtest, musst du von den Besten lernen, um selber einer der Erfolgreichsten zu werden. Es werden dir weiterhin Probleme und Fragen begegnen, die dich im ersten Moment vielleicht verzweifeln lassen und auf die du nicht sofort eine Antwort findest. Das Wichtigste ist, dich davon nicht abschrecken zu lassen, sondern Durchhaltevermögen zu zeigen und die Probleme aktiv anzugehen.
Dazu gehört aber auch, zu erkennen, wann es besser ist, dir Hilfe von Mentoren zu holen, die für deine Probleme bereits Lösungen gefunden haben. Nur dann kannst du besser werden, dich fachlich weiterentwickeln und anderen Menschen weiterhelfen.
Also suche dir eine Nische, in der du, der oder die Beste sein kannst. Verfolge deine Geschäftsidee und deine Ziele, bleibe hartnäckig und hole dir Unterstützung, wenn sie nötig ist. Mit dieser simplen Vorgehensweise kannst du es schaffen, ein profitables Business aufzubauen. Halte dich daran, erinnere dich an die Tipps aus diesem Buch und deine Experten-Reise wird nicht nur beschleunigt, sondern auch um ein Vielfaches einfacher werden.

Alle in diesem Buch vorgestellten Experten sind nicht plötzlich über ihren Erfolg gestolpert. Viele haben sich selber coachen lassen oder würden sich selbst coachen lassen, wenn sie noch einmal bei null anfangen müssten. Sie raten jedem, sich Unterstützung zu suchen, um nicht dieselben Fehler wie sie selbst zu machen, sondern schneller erfolgreich zu werden.

Egal, was dein nächster Schritt sein mag, lass dich von uns dabei unterstützen. Wenn du diesen Weg mit Digital Beat, unserem Team und uns gehen möchtest, dann solltest du dich unbedingt in einem ersten kostenfreien Strategiegespräch beraten lassen. Das geht ganz einfach. Gehe nun auf

www.digitalbeat.de/intensiv/

und fülle das Formular aus. Wir melden uns dann schnellstmöglich bei dir.

Auch wenn du gerade noch nicht genau weißt, wie du weitermachen sollst, empfehlen wir dir das Strategiegespräch. Es ist kostenlos und unverbindlich. Dort können wir ganz individuell deine Fragen beantworten. Natürlich kannst du dich auch von jemand anderem beraten lassen. Achte nur darauf, dass er Erfolge vorzuweisen hat, sich wirklich sehr gut auskennt und auf deine Probleme persönlich eingeht.

Was auch immer du als Nächstes tun wirst und wie auch immer dein persönlicher Weg aussehen wird, wir wünschen dir bei allem viel Erfolg. Gerne begleiten wir dich dabei. Sieh dieses Buch als deinen Weckruf, größer zu denken und mit vollem Einsatz anzufangen!

Wir freuen uns auf deine Erfolgsstory!

Mit herzlichen Grüßen aus Köln

Dein Thomas Klußmann & Christoph J. F. Schreiber

Unsere fantastischen **Co-Autoren**

Wir bedanken uns ganz herzlich bei unseren Co-Autoren, dass sie uns so großartig unterstützt haben!

Wir sind für den wertvollen Content sehr dankbar und schätzen uns glücklich, uns schon seit so langer Zeit auf eine erfolgreiche Zusammenarbeit verlassen zu können.

Das Leben ist kein Spurt - Erfolg braucht seine Zeit

Bodo Schäfer

https://www.bodoschaefer.de/; https://www.bodoschaefer-akademie.de/

@bodoschaefer

Dein Feedback - mein Content - mit der Community ans Ziel

Calvin Hollywood

https://calvinhollywood.de/

@calvinhollywood

Online-Marketing, Affiliate-Marketing und Social Media-Marketing in Verbindung mit meinem Programm und meiner Qualität haben mich zu dem gemacht, der ich heute bin.

Dirk Kreuter

https://dirkkreuter.com/

@dirkkreuter

Nicht du bestimmst deine Kunden, sondern deine Kunden bestimmen dich

Felix Thönnessen

https://felixthoennessen.de/

@felixthoennessen

Erfolgreiches Marketing erzählt authentische Storys – also lass deine Maske fallen!

Gönül Pehlivan

https://strategiegespraech.goenuelpehlivan.de/

@goenuelpehlivan1

Heute nicht auf digitale Produkte zu setzen, ist mit Sicherheit der Verlust einer enormen Umsatzquelle

Hermann Scherer

https://www.hermannscherer.com/

@hermannscherer_official

Für wenig Einsatz viel zu bekommen, das entspricht nicht den Gesetzen des Lebens

Jörg Löhr

https://www.joerg-loehr.com/

@joerg_loehr_official

Alles ist möglich: Aus der Pleite zum Experten

Jürgen Höller

https://www.juergenhoeller.com/

@juergen_hoeller

Die Kraft tatsächlicher Begegnungen im digitalen Zeitalter

Laura Malina Seiler

https://lauraseiler.com/

@lauramalinaseiler

Wenn die Zielgruppe genau stimmt, kann man schon mal ohne Honorar auftreten, das machen auch Topleute

Prof. Dr. Lothar Seiwert

https://www.Lothar-Seiwert.de/

@Seiwert

Dein Erfolg liegt außerhalb deiner Komfortzone

Marcel Knopf

https://fastlane-marketing.de/

@marcel.knopf

Erweitere deine Fanbase durch digitale Produkte

Markus Hofmann

https://www.unvergesslich.de/

@markus_hofmann_unvergesslich

Halte dich an Menschen, die schon da sind, wo du hinwillst

Miriam Höller

https://miriamhoeller.com/

@miriamhoeller

Big Business: Setze dir große Ziele und mache jeden Tag einen kleinen Schritt in diese Richtung

Dr. Renée Moore

https://www.reneemoore.com/

@ReneeMooreBiz

Werde unverwechselbar

Dr. Stefan Frädrich

http://stefan-fraedrich.de/

@stefan_fraedrich

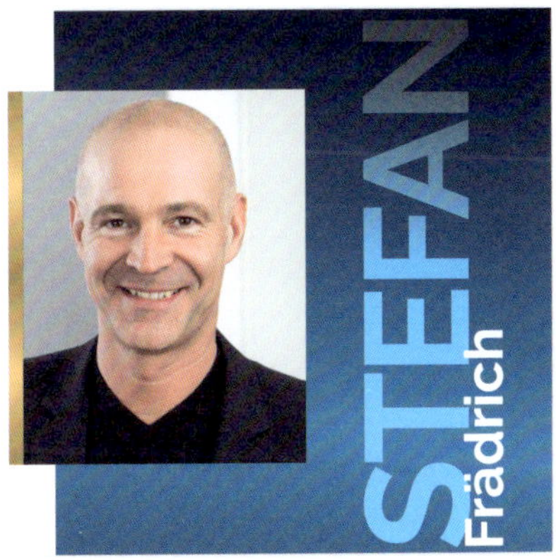

Du musst nicht Everybody´s Darling sein

Tobias Beck

https://tobias-beck.com/

@tobias_beck_official